한 권으로 끝내는 디지털 경영

한 권으로 끝내는 디지털 경영

지은이 고광범
펴낸이 임상진
펴낸곳 (주)넥서스

초판1쇄 인쇄 2021년 6월 15일
초판1쇄 발행 2021년 6월 21일

출판신고 1992년 4월 3일 제311-2002-2호
10880 경기도 파주시 지목로 5
Tel (02)330-5500 Fax (02)330-5555

ISBN 979-11-6683-083-9 03320

www.nexusbook.com

DIGITAL MANAGEMENT

애자일로
트랜스포메이션하라

한 권으로 끝내는
디지털 경영

고광범 지음

넥서스BIZ

Part 1.
디지털 인력 업무 혁신

2000년부터 기업 경영/IT/디지털 컨설팅 업무를 시작하면서 약 20년간 많은 기업 현장에서 경영자들이 고민하는 모습을 봐왔다. 때로는 신기술과 새로운 시스템 도입에 대한 고민을, 때로는 한 번도 해보지 않은 신사업에 대한 고민을 같이하면서 운 좋게도 많은 기업들이 고민하고 있는 부분을 빠르게 인지할 수 있었다.

특히 2010년에는 모바일 개발 아웃소싱 프로젝트를 네이버와 함께 진행하면서 많은 디지털 관련 노하우를 쌓고 네이버, 카카오 등 디지털 기업 컨설팅을 통해 다양한 디지털 기업들의 생리를 경험할 수 있었다. 이러한 경험이 20여 년간 쌓이자, 이제 디지털 경영이라는 주제에 대해서 감히 누군가에게 조언이나 충고 한마디 정도는 해줄 수 있는 수준으로 올라왔다 자평한다.

컨설팅 경력을 마무리하고 마이크로소프트라는 글로벌 IT 기업으로 이직하면서, 디지털 경영이라는 주제로 무언가 마중물을 남기는 것이 필요하지 않을까 하는 생각이 들었다. 그것이 책을 쓰게 된 결정적 동인이다. 얼마 전 읽은 짐 클리프턴과 짐 하터의 공동 저작 《강점으로 이끌어라》에서는 "직원의 몰입도를 결정하는 요인의 70%는 관리자들 즉 팀장, 임원, 경영진에게 달려있다"고 이야기한다. 그들은 기업 인수에 회수하기 어려운 높은 가격을 지불하는 것보다 '홀

룡한 관리자'와 '직원 개발'이라는 완전히 변화된 조직 문화를 바탕으로 유기적인 성장 전략을 마련하는 게 더 중요하다고 말한다.

20년간 디지털 컨설팅을 진행하면서, 컨설팅 결과물이 구체적이지 않아 실행이 잘 되지 않았다는 비난도 받아봤고, 직원의 역량을 감안하지 않은 달성 불가능한 보고서를 만들어 괜한 조직 내 분란만 야기했다는 뒷이야기를 들어본 적도 있다. AI·빅 데이터·클라우드·블록체인과 같은 기술을 업무에 적용하는 부분과 신기술을 소개하는 컨설팅을 진행했지만, 용두사미가 돼서 진행이 제대로 되지 못하거나 실행을 위해 다른 컨설턴트를 불러서 전략부터 실제 구축까지 남의 손에 의존하는 고객사의 경우도 다수 경험했다.

마이크로소프트에 와서 경험한 중요한 교훈은 혁신에 성공하기 위해서는 고성과 조직(High Performing Team)을 만들고, 학습 조직으로의 전환이 중요하다는 점이다. 살아남기 위해서는 끊임없이 학습하고 변화하는 조직 문화를 기반으로 디지털 혁신이라는 파도를 넘어야 한다. 본 책에는 디지털 경영 노하우 및 최근 마이크로소프트에 입사해서 경험한 내용을 같이 담았다. 디지털 경영을 위해서는 최신 기술에 대한 이해와 명확한 전략도 중요하지만, 결국 이를 실행하는 사람과 일하는 방식의 변화가 이뤄지지 않으면 절대로 성공할 수 없다. 이러한 디지털 변화의 혁신 여정은 한 번에 끝나는 것이 아니라 평생 해야 하는 것임을 다시 한번 강조하고 싶다.

디지털 혁신,
선택이 아니라 필수

최근 디지털 혁신이 기업들에게 화두가 되고 있다. 특히 코로나19(Covid-19) 이후 비대면 은행 거래와 온라인 장보기 활성화, 사회적 거리두기 강화 등으로 인해 재택근무가 부득이하게 활성화되면서 디지털 혁신에 대한 기업들의 관심이 더 높아지고 있는 추세다. 이전에도 IT/디지털 기술을 활용한 기업 경영 혁신은 큰 화두였지만, 최근 기업들의 디지털 혁신이 가속화되는 동인은 몇 가지 기술 발전 및 사회적 거시 경제 변화에 기인하고 있다.

빅 데이터의 양적 폭발과 데이터 처리 기술 발전 및 비용 감소

저장 공간과 데이터 처리 기술의 발전 및 비용 감소, 통신기술의 발전 등으로 무한한 디지털 자산 활용이 가능해짐에 따라, 기업들은 디지털화와 전환 가속화가 훨씬 쉬워진 환경에 직면해 있다.

디지털 전산처리 활용 비용 감소 및 데이터 처리 기술의 보편화

디지털과 관련해서 유명한 '무어의 법칙(Moore's Law)'이 있다. 무어의 법칙은 반도체의 집적회로 성능이 18개월마다 2배로 증가한다는 이론으로 세계 유수 반도체 회사인 인텔의 공동 창업자 고든 무어(Gordon E. Moore)가 1965년도에 발표했다. 이는 마이크로칩 기술의 발전 속도에 관한 것으로 컴퓨터의 성능은 거의 5년마다 10배, 10년마다 100배 개선된다는 내용도 포함한다.

이 법칙은 컴퓨터의 처리 속도와 메모리 양이 2배로 증가하고 비용은 상대적으로 떨어지는 효과를 가지고 왔다. 백만 트랜지스터당 전산비용이 1995년도 222달러에서 2015년에는 0.01달러로 감소하는 추세를 보이고 있다. 과거에는 전산 처리 기술과 비용의 제약으로 생산설비, 온라인 고객 접점에서 발생하는 거래 데이터 등을 통한 다양한 분석을 하고 싶어도 대량 데이터 분석을 위한 처리 기술 지원이 미비했고, 분석을 하기 위한 솔루션 기술들을 도입하려면 상당한 고비용을 지불해야 했다. 하지만 최근 AWS(Amazon Web Service), 마이크로소프트(Microsoft)와 같은 클라우드(Cloud)

업체에서 클라우드 기반의 분석 솔루션 제공이 가능해지면서, 좀 더 많은 기업들이 편하게 디지털 분석 기술을 접할 수 있는 시대가 도래했다.

네트워크 활용 비용 감소 및 5G 시대 진입으로 인한 디지털 혁신

미국 벨(Bell) 연구소의 연구원이었던 개리 버터(Gerry Butter)는 정보를 전달하는 데 드는 비용이 9개월마다 반으로 줄어든다는 이론을 주장했다[1]. 1Mega BPS[2]당 Wireless 연결 비용은 1998년 1,200달러에서 2015년에는 0.63달러로 감소하고, 4G/WiFi 네트워크 구축의 경우 대한민국은 이미 대부분의 지역에서 커버가 됐으며, 다른 많은 국가에서도 대부분 확대, 구축 중이다. 대한민국의 경우 2018년도 평창동계올림픽에서 5G 시범서비스를 성공적으로 진행했으며, 이미 국내 통신 3사(SK텔레콤, KT, LG U+)에서는 5G 단말기와 요금제를 구비해 5G 통신 확대에 힘쓰고 있다. 통신망 확대를 위해 초기보다 요금도 내려가고 있다. 5G 네트워크의 경우 4G 네트워크 대비 데이터 용량은 1,000배 많고, 속도는 200배 빠른

••••

1　Butter's Law of Photonics – P2P Foundation.

2　Bit per second의 약자로, 1초 동안 전송할 수 있는 모든 비트(Bit)의 수를 뜻한다. 보통 모뎀의 전송 속도의 단위로 쓰인다. 200bps라고 하면 1초당 1,200비트를 전송할 수 있다는 뜻이다. 통신에서는 속도가 빠를수록 좋지만 속도에 비례해 관련되는 장비의 가격이 비싸진다.

이동 통신이다. 5G 네트워크가 가진 강점은 1) 지연성 감소(Latency) 와 2) 체감 전송률 향상(User experience rate)에 있다. 5G 네트워크가 확대됨에 따라 증강현실, 가상현실, 실시간 온라인 게임, 자율 주행 등과 같은 다양한 실시간(Real time) 및 인터렉티브(Interactive) 미디어, 콘텐츠 서비스가 증가할 수 있으며, 이를 활용한 다양한 신규 사업 기회 및 내부 효율성 개선을 위한 디지털 혁신이 폭발할 것으로 예상한다.

저장공간 비용 감소 및 다양한 선택지 가능

지금으로부터 10년 전만 하더라도 파워포인트와 같은 문서들, 혹은 비디오 동영상 등을 저장하기 위해서는 샌디스크(SanDisk)와 같은 대용량 외장하드를 사서 대용량 데이터들을 보관하는 것이 일반적이었다. 개인 컴퓨터(Personal Computer)에서 저장 가능한 공간상의 제약이 있었기 때문이다. 앞에서 언급한 전산처리 활용 비용 및 네트워크 활용 비용 감소처럼 데이터 저장공간 활용 비용도 1995년 1GB(Giga Bite)당 10만 달러에서 2015년 1GB당 0.03달러로 급속도로 감소하고 있다. 최근에 클라우드(Cloud)가 확산되면서 이제는 애플(Apple) iCloud, 네이버 클라우드 등을 활용해 구독모델로 데이터 저장을 하는 옵션도 생겨나고 있다.

광범위하게 모든 산업 가치사슬에 퍼지는 디지털화

이미 디지털 기술은 대부분의 산업을 송두리째 변화시키고 있다. 특히 음악, 미디어 산업 및 코로나19 이후 아마존, 쿠팡으로 대표되는 디지털 기술로 무장한 신유통산업은 산업군 내 기존 플레이어들의 입지를 약화시키고 있다.

특히 음악산업의 경우 디지털 스트리밍 음원이 글로벌 음반산업 매출 비중의 절반을 넘어섰다. 국제음반산업협회(IFPI)가 2020년 6월 발표한 보고서에 따르면 2019년 세계 음반산업 매출액은 전년 대비 8.2% 성장한 202억 달러(약 24조 8,000억 원)로 집계됐다. 지난 2004년 매출액 200억 달러를 돌파한 이후 사상 최고액이다. 과거 CD로 대변되던 음반시장은 MP3 플레이어 출시 이후 음원을 다운로드받는 시장을 지나, 이제는 스포티파이, 멜론 등 음악 전문 스트리밍 업체들에게 잠식당하는 격변기를 맞이하고 있다.

음반산업의 파괴적 혁신을 이끌고 있는 원동력은 디지털 스트리밍 서비스다. 인터넷 기반으로 실시간 전송되는 스트리밍 서비스는 단순 스트리밍에서 AI 기반으로 고객의 취향을 맞춘 맞춤형 큐레이션 서비스와 매월 월정액을 납입해 내 취향에 맞는 음악을 무한대로 들을 수 있는 '구독경제' 모델을 접목, 2019년 대비 22.9% 성장한 114억 원의 매출을 기록해 전체 음반 매출의 약 56%를 차지했다. 스트리밍이 전체 매출의 50%를 넘어선 것은 조사가 시작된 후 처음이다. 비단 디지털 기술이 산업을 변화시키고 있는 사례는 음악시장에만 국한되지 않는다. 영화/콘텐츠 미디어 산업에서는 넷플릭스가 디즈니, HBO 등의 전통 미디어 방송 업체와 OTT 서비스 및 콘텐츠 제작 산업에서 경쟁을 하고 있으며, 유통/금융 분야에서는 국내만 하더라도, 쿠팡, 카카오뱅크로 대표되는 디지털 신기술로 무장한 기업들이 직관적이고 차별적인 고객 경험 및 시공간을 넘어서는 편리함을 무기로 전통 유통/금융 회사를 위협하고 있다.

상상을 현실로 가능케 하는 기술 접목 가능성 확장

〈전격 Z 작전〉이라는 미국 드라마에 등장한 운전자 없이 운전하는 '키트'라는 차는 드라마 속에서만 존재할 수 있는 것으로 인식됐었다. 하지만 테슬라라는 신생 미국 전기자동차 업체는 환경 친화적인 전기를 활용한 모터, 차에 LTE 통신 칩(Chip)이 내장돼 인터넷이 가능하고 레이더/라이더를 활용한 사물 인식, 지도 API 활용, AI 등의 기술을 접목한 자율주행차량을 완성해, 1980년대 상상 속에 존재하던 무인자동차를 현실세계에 재림시켰다.

모바일 신인류의 경제력 증가 및 경제활동 인구 편입

2013년 3월, 필자는 전자책의 폭발적인 인기를 분석하는 〈조선일보〉 인터뷰에서 스마트폰과 패드 등의 보급 확대로 인한 전자책 및 웹툰 콘텐츠의 폭발적인 성장을 예견한 바 있다.

이는 물론 스마트폰과 같은, 콘텐츠를 소비할 수 있는 디바이스의 확대가 큰 역할을 하기도 했지만 더욱 중요한 것은 젊은 층의 습관이 바뀐 것이 가장 큰 요인임을 지적한 바 있다. 밀레니얼세대, Z세대로 대변되는 모바일 신인류는 말보다는 문자메시지나 카카오톡으로 커뮤니케이션을 하는 데 익숙하고, 글을 읽는 것보다는 동영상에 친숙하며, PC보다는 스마트폰에 익숙하고, SNS에 보다 친숙한 새로운 세대다. 2010년도 초반과 달라진 부분은 이때 학생으로 경제소비의 일부를 담당했던 모바일 신인류가 이제 경제활동인구[3]로 편입되고 소비의 주체를 넘어서 생산활동의 중심으로 떠오르는 시점이라는 점이다.

이러한 모바일 신인류들은 X세대들로 대변되는 40대들과 일하는 업무 방식 및 업무 수용에 대한 태도부터 매우 다르다. 일상생활에서 편리하게 활용하던 스마트폰과 각종 IT 기기류에 익숙하고 직관적인 UX/UI에 친숙한 세대다. 기업에서 직관적이지 않은 비주얼 베이직(Visual Basic) UI 기반의 90년대 PC에서 앉아서 '꼰대'와 같은 상명하복의 수직적인 조직 문화에서 일하는 모습은 생각만 해도 맞지 않다는 것은 누구나 이해할 수 있을 것이다. 모바일 신인류가 기업 직

••••

3 15세 이상 인구 중 수입이 있는 일에 종사하고 있거나 취업을 하기 위해 구직활동 중에 있는 사람을 경제활동인구라고 하며, 그 외 사람은 비경제활동인구라고 한다.

원의 주류로 떠오르는 시점에서 디지털 경영을 도입하고자 하는 많
은 기업들의 니즈는 어찌 보면 당연하다고 할 수 있겠다.

네이버/카카오 등과 같은 디지털 플랫폼 기반의 경쟁세력 출범

주식을 하는 사람들은 FAANG이라는 단어를 들어본 적이 있을 것
이다. 페이스북(Facebook), 아마존(Amazon), 애플(Apple), 넷플릭
스(Netflix), 구글(Google)의 첫 글자를 따서 만든 용어다. 이 중에
서 애플과 아마존은 시가총액 1조 달러를 넘어서는 미국 최대의
IT 기업이자 세계 최대 기업으로 자리 잡았다. 2014년에서 2017년
까지 미국 증시 상승을 견인했던 FAANG에서 최근에는 업력이 상
대적으로 짧은 넷플릭스(Netflix)를 제외하고 MAGA의 시대로 전
이되고 있다고 전문가들이 이야기하고 있다.

MAGA는 마이크로소프트(Microsoft), 애플(Apple), 구글(Google),
아마존(Amazon)을 의미한다. 코로나19 이후 사회적 거리두기 강
화 및 재택근무가 확산되며 IT/디지털 기술 플랫폼 기업의 의존도
가 더욱 높아질 수밖에 없기에 이러한 IT/디지털 기술 기업의 가치
는 갈수록 증대될 수밖에 없다. 이러한 믿음은 코로나19 이후에 한
동안 충격에 빠졌던 미국 증시를 빠르게 회복시키는 동인으로 작
용하고 있다.

국내 증시 또한 네이버, 카카오와 같은 디지털 플랫폼 사업자들이
전통 기업들보다 더 빠르게 주식 가격을 회복하고 있으며, 이미 코

로나19 이전보다 더욱 높은 주가를 나타내고 있다.

디지털/IT 기술기업들 중에서도 플랫폼을 가진 네이버/카카오/구글/아마존 등으로 대표되는 디지털 플랫폼 업체들이 시장과 주식 투자자들에게 열렬한 지지와 관심을 받는 이유는 무엇일까? 그것은 바로 과거 전통 기업들이 열망하던 신사업에 대한 확장이다. 디지털 플랫폼 업체들은 기존 플랫폼이 있기 때문에 상대적으로 적은 투자 비용으로 확보한 고객들을 기반으로 신사업에 대한 진출이 용이하다. 네이버의 경우, 네이버라는 고객을 집객할 수 있는 강력한 플랫폼을 기반으로 네이버페이라는 간편결제 시장에 손쉽게 들어갈 수 있었고, 카카오의 경우도 카카오라는 전 국민이 사용하고 있는 모바일 메신저 플랫폼을 기반으로 카카오뱅크라는 인터넷 전문 은행을 설립해 2017년 공식 출범 이후 3년 만에 1,000만 명의 고객을 확보할 수 있었다.

디지털/IT 신기술로 무장한 디지털 플랫폼 업체들은 이미 전통 기업들의 새로운 경쟁 세력으로 부상하게 됐다. 가령 우버는 기존 택시 사업이 영위하고 있던 개인고객 운송 서비스업에 진출해 전통 택시 운수 사업을 위협하고 있다. 특정 국가에서 법률/규제로 보호를 하지 않는 한 이미 전통 개인고객 운송 산업은 송두리째 바뀌고 있다. 차량 공유 서비스로 시작한 우버의 사업은 우버가 가지고 있는 고객과 드라이버를 연결하는 AI 기반의 물류-고객 매칭 플랫폼을 기반으로 프리미엄 차량 공유 서비스, 레스토랑 연계 음식 배달 서비스, 이커머스 연계 당일 배송 서비스, B2B 물류 서비스로 그 외연을 손쉽게 확대하고 있다. 2020년도 국제전자제품박람회(CES)에서 현대차와 함께 개인비행체 콘셉트를 공개해 도심항공 모빌리티 시장(Urban Air Mobility) 진출 파트너십을 발표한 우버의 공격적인 사업 확장은 물류-운송 산업에서 태풍의 핵이다.

우버는 도심항공 모빌리티 시장 석권을 위해서 우버 엘리베이트(UBER ElEVATE)를 설립했고, 우버는 '날아다니는 택시'라고 불리는 eVTOL(전기 추진 수진 이착륙기)를 중심으로 모바일 앱에서 터치한 번만 하면 누구나 하늘 위를 날아서 원하는 곳까지 이동하는 항공 승차 공유 서비스까지 준비 중이다. 우버 엘리베이트는 2023년 미국 LA와 댈러스, 호주 멜버른 등에서 상용화 예정이고, 기존의 우버 플랫폼 안에 항공 라이딩 서비스를 넣었다. 집에서 우버 차를 타고 도심 내 스카이포트(이착륙장)로 가서 비행한 뒤 내려서 최종 목적지까지 필요하다면 우버 차로 이동해서 가는 새로운 서비스를 생각하고 있다.

디지털
인력
업무 혁신

DIGITAL MANAGEMENT

과거의 IT 혁신 vs 현재의 디지털 혁신

20세기 이전에도 기업들은 IT 기술을 활용한 끊임없는 기업 혁신을 도모해왔다.

1990년대 삼성전자에서 국내 최초로 ERP(Enterprise Resource Planning: 전사적 자원관리) 시스템을 도입했다. 이후 인터넷 기술이 확산되던 2000년대 초반에는 eBusiness라는 화두로, 그 이후에는 SCM(Supply Chain Management: 공급망 관리), CRM(Customer Relationship Management: 고객관계관리)이라는 명칭으로 수많은 기업들은 혁신을 가속화하기 위한 IT 기술 기반의 업무 혁신을 추진해왔다. 하지만 최근 디지털 혁신으로 대변되는 변화는 과거 IT 혁신과는 다른 양상을 보이고 있다. IBM, 마이크로소프트, 오라클, SAP 등 IT 대기업들이 지배하던 소수 B2B IT 업체의 경연장이 다양한 핵심 오픈소스 기반의 디지털 기술을 가진 스타트업들과 기술기업들의 등장으로 선택의 폭을 넓혔기 때문이다.

기존 방식을 고수할 것인가? 새로운 방식으로 적응·선도할 것인가?

코로나19 이후에 화두가 되고 있는 '비대면'이라는 키워드는 단순히 온라인 수업과 화상회의만 뜻하는 게 아니라 국가와 산업경제의 지형을 송두리째 바꿀 수 있는 근본적인 변화다. 온라인 쇼핑몰인 쿠팡이나 마켓컬리가 과거의 유통 공룡이었던 신세계 이마트, 롯데와 경쟁을 하고, 카카오뱅크, 네이버페이가 시중 은행·카드사들의 입지를 흔들고 있다. 이러한 디지털 기술이 산업 변화에 미치는 충격을 일찌감치 예견한 일부 선도 전통 기업들은 디지털 전환을 통해 그 비즈니스 실익을 이미 얻고 있으며, 기업들의 경쟁력을 강화하는 데 일조를 하고 있다. 특히, 조기에 디지털 혁신을 성공적으로 이끈 선도기업들이 업계 내에서 우위를 점할 가능성이 높다.

사례 #1 | 디지털 혁신의 교과서, 스타벅스

　스타벅스의 비전은 "아날로그의 감성과 서비스와 커피의 경험"을 파는 공간이다. 시애틀의 작은 커피 전문점에서 시작한 스타벅스는 하워드 슐츠라는 창업자가 잠시 물러나 있다가, 2000년대 후반 스타벅스의 성장세와 수익성이 크게 악화되자 2008년 CEO로 전격 복귀하게 된다. 하워드 슐츠는 복귀 이후에 몇 가지 핵심적인 혁신 프로그램을 실시했다.

- 스타벅스 본연의 균일화된 커피 맛 찾기: 13만 5천 명의 바리스타에게 에스프레소 엑설런스 트레이닝 및 사물인터넷(IoT: Internet of Things) 기술 기반 커피머신(Coffee Machine) 도입을 통한 균일한 맛 보증
- 충성도 높은 고객 양성: "마이 스타벅스 리워드(My Starbucks Reward)" 프로그램 론칭
- 글로벌 시장 공략
- 사회 공헌 활동 강화: 스타벅스 쉐어드 플래닛(Starbucks

Shared Planet)으로 대변되는 윤리적 방식으로 커피 원두 구매

하지만 잠시 부활하는 듯싶었던 스타벅스는 여전히 매장에서는 수작업 위주의 운영모델로 고객 대기시간이 늘어나는 불편함이 있었고, 고객이 원하는 상품을 적시에 개발해 매장에 적용하는 데 느렸으며, SKU(Stock Keeping Unit) 단위의 실시간 재고관리에 어려움이 있어서 재고관리 비용과 물류비용 관리가 효율화되지 못하는 어려움도 있었다. 마이 스타벅스 리워드 프로그램을 통해서 확보된 충성고객들에게 분기별/월별 천편일률적인 마케팅 오퍼를 제공하긴 했으나, 그 효과를 크게 보지는 못하는 상황이었다.

2016년도 스타벅스는 "디지털-빅 데이터 기반의 새로운 커피 습관을 창출하는 곳"이라는 비전을 가지고 디지털 혁신 프로그램을 시작하게 된다. 사람들은 스타벅스의 디지털 혁신 중 사이렌오더로 대변되는 모바일 플랫폼을 기반으로 한 매장 인력의 효율화와 O2O(Online to Offline) 서비스의 확대라는 부분을 가장 많이 기억하고 있다. 하지만 2016년도부터 스타벅스가 역점사업으로 시작해 효과를 가장 크게 본 디지털 혁신 프로그램은 "초개인화 마케팅"이다.

초개인화 마케팅의 현실 재림

기존 스타벅스의 마케팅은 "마이 스타벅스 리워드" 프로그램을 통해서 확보된 고객들을 30개 세분화(세그멘테이션)를 기반으로 분기/월별 마케팅 오퍼를 제공하는 수준이었다. 하지만 스타벅스는 2016년도 디지털 혁신 과정 중 사람들이 커피를 구매하는 과정에 주목했다. 모바일과 디지털을 기반으로 주문, 결제, 리워드, 개인화 서비스(Personalization)를 제공해, 고객의 경험을 극한으로 향상시키고 충성 고객의 확보와 지속적인 구매를 유도하는 데에 디지털 혁신의 중점을 뒀다.

스타벅스 디지털 혁신의 시작점은 빅 데이터 분석에 있었다. 고객, 상품 및 매장, 고객 구매의 상황(Context)과 장소 등의 정보를 집적하는 것이다.

가령 A라는 고객은 항상 오전 8시 30분 출근 전에 지하철역에서 가까운 스타벅스 광화문점을 방문해서 따듯한 아메리카노를 픽업한 뒤 출근한다. 점심 식사 이후 1시경에는 달달하고 따듯한 카페모카를 스타벅스 무교동점에서 사서 마시는 경향이 있다.

B라는 고객은 매일 오전 8시에 스타벅스에서 아침식사 대용으로 카페라테와 머핀을 선릉역점에서 구매한다. 매주 화/목 8시에는 스타벅스 강남역점에서 요가 수업 이후에 아이스 아메리카노를

구매하는 패턴이 있다는 것을 인지한다.

이렇게 집적된 고객, 구매 정보 등은 AI/빅 데이터 분석을 통해 시간대/장소별 스타벅스 이용 고객 패턴 분석 및 개별 고객의 스타벅스에 대한 긴밀한 참여(Engagement) 정도를 파악해, 고객이 원하는 오퍼를 고객이 원하는 시점/장소에 정확하게 제공할 수 있는 토대를 마련하게 된다.

스타벅스에서 이러한 차별화된 오퍼를 제공하는 고객과의 소통 창구는 모바일이다. 미국에서 스타벅스 앱을 설치하고, 스타벅스 로열티 프로그램에 가입해서 차곡차곡 본인의 커피 구매 습관과 이력을 관리하다 보면, 어느 순간 본인의 스타벅스 앱의 사용빈도에 따라서 개인마다 보이는 콘텐츠가 다른 차별화된 UX/UI가 제공된다. 차별화된 UX/UI를 통해서 스타벅스는 과거 스타벅스 음료 소비 이력을 바탕으로 고객이 좋아할 것 같은 신제품 음료가 출시됐을 때에 무료 체험 기회 제공과 다양한 마케팅 오퍼를 보내게 되고, 신제품 음료에 대한 시음 이후에 신제품 음료에 대한 소비가 발생하는지 구매 이력 및 고객반응을 분석해, 새로운 음료 개발에 참고하는 활동을 하고 있다. 이러한 스타벅스 초개인화를 가능하게 하는 핵심은 AI/빅 데이터 애널리틱스다.

고객 개인별 차별화 UX/UI 및 실시간 반영

고객 로열티 프로그램을 운영하는 대부분의 기업들은 로열티 프로그램의 고객등급을 정해놓고, 고객의 구매 이력이 많아져 고객 등급별 해당 변곡점(Threshold)을 넘었을 경우에 고객의 등급을 상향시켜주는 게 일반적이었다. 가령, 대한항공의 모닝캄 회원이 되려면 1) 대한항공 5만 마일 이상 탑승 혹은 2) 대한항공 40회 이상 탑승 혹은 3) 대한항공 탑승실적이 3만 마일 이상이면서 제휴사 이용실적과 합해 5만 마일 적립을 달성했을 경우다. 그리고 자격 취득일로부터 2년이라는 유효기간이 있다. 이러한 자격 조건을 확인하려면 대한항공 모바일 앱에 접속해 고객 본인의 등급을 확인할 수 있으나, 실시간 반영은 아니고 실제 구매 및 탑승 이력이 확인된 이후에 월 1회 한꺼번에 시스템에 반영하는 구조다. 즉 고객의 로열티 등급을 실시간으로 확인하기 어려운 구조다. 반면 스타벅스는 단순하게 구매 이력뿐만 아니라, 고객의 구매 이력, 유사한 세분화된 고객군과 비교를 통한 추가 매출 가능성을 감안한 Long Term Value(LTV)에 따라 고객등급을 업그레이드하며, 이러한 고객등급이 실시간으로 반영되고 이것을 해당 모바일 앱에 보여주게 된다.

상황에 맞춘 차별화 마케팅 콘텐츠 제안

스타벅스는 실시간 머신러닝 기술 적용으로 개인별 상황에 맞춘 마케팅 메시지 제안이 가능하다. 전통 기업들의 마케팅 오퍼 메시지는 고객의 상황과 선택과는 전혀 상관없는, 기업이 전달하고자 하는 마케팅 메시지만을 담은 일방향(One Way) 메시지다. 가령 국내 백화점에서 휴대폰 문자메시지로 전달되는 것을 보자. 30만 원/50만 원/100만 원 이상 구매 금액에 따른 5% 캐시백 포인트 적립 혹은 상품권 증정과 같은 메시지를 담는 것이 일반적이다. 개인의 구매 이력 고려라든가, 상황적인 논리나, 선호하는 마케팅 채널, 가령 휴대폰 문자를 선호하는지 카카오톡 메시지를 선호하는지 이메일을 통한 마케팅 오퍼를 선호하는지에 상관없이 동일한 내용이 담긴 무차별적인 마케팅 메시지를 보낸다. 반면 스타벅스의 경우, 고객의 현재 위치정보 및 파악된 위치의 날씨, 고객의 그간 구매 이력, 구매 시간 등을 감안해, 음료 선택에 대한 제안을 시간대별로 맞춤형으로 개인별 다른 마케팅 메시지를 보내며, 마케팅 메시지도 AI 엔진을 통해 작성한다. 가령 미국 스타벅스에서 AI 엔진을 통해 작성하는 감성적인 문구를 가득 담은 메시지의 예시는 하기와 같다.

"고광범 님은 추운 오늘 1월 13일에 따뜻하고 달달한 새로운 시나몬 모카라테를 정말 좋아할 것 같아요. 이건 당신을 위한 음료인데 아직 안 드셔보셨죠?"

마케팅 오퍼에 대한 실시간 피드백 확인 가능

스타벅스는 차별화된 마케팅 오퍼를 실시간으로 차별화된 UX/UI에서 제공하는 데에서 더 나아가, 마케팅 오퍼에 대한 반응을 실시간으로 확인할 수 있다. 고객이 반응을 얼마 만에 마케팅 오퍼를 확인했는지, 실제 오퍼를 확인하고 나서 구매로 이어졌는지, 확인해서 행동으로 옮긴 시간차는 얼마나 됐는지 등. 어떤 마케팅 채널로 마케팅 오퍼를 보냈을 때에 반응 확률이 높은지에 대한 부분을 확인해, 고객이 가장 선호하고, 확인해서 행동이 용이한 시간에 다음 마케팅 오퍼가 자동으로 발송된다. 그리고 이러한 기록은 지속적으로 실시간 AI/머신러닝으로 학습돼 더욱 정교한 마케팅 오퍼를 만들어낼 수 있게 된다.

이러한 개인화된 모바일 화면을 통해서 받게 되는 마케팅 오퍼는 고객의 참여(Engagement) 및 개인 취향에 따라서 각기 다른 개인화된 메시지를 실시간으로 고객에게 제공한다.

개인별로 모두 다른 Application UI/UX 실시간 제공	
UI/UX	고객별로 애플리케이션의 UI/UX 자체가 개인화된 로열티 수준. LTV에 따라 고객 등급 업그레이드 수준 차별화
Contents	Real-time 머신러닝 기술 적용으로 개인별 모두 다른 마케팅 메시지 제안
Feedback	제안에 대한 반응을 실시간 추적하는 커리큘럼

도표 1. Starbucks 모바일 초개인화

스타벅스가 본격적으로 디지털 혁신(Digital Transformation)을
시작한 2016년 이전 미국 스타벅스 리워드 포인트 기준으로 스타벅
스의 충성고객은 1,200만 명이었고, 초개인화 마케팅을 본격적으
로 시작한 이후에도 스타벅스의 충성고객은 1,200만 명으로 동일
했다. 디지털 혁신 이후에 충성고객의 수가 늘지 않았지만, 2016년
이전에는 충성고객 1,200만 명을 30개의 고객군으로 나눠서 관리
를 했다고 하면, 2016년 디지털 혁신 이후에는 1,200만 명의 충성
고객을 38만 개의 고객군으로 미세하게 나눴다.

한 고객군당 2016년도 이전에는 약 40만 명이 존재해, 40만 명
이 동일한 마케팅 오퍼 메시지를 받았다고 하면, 2016년 이후에는
한 고객군이 약 32명이 존재하며, 32명이 조금은 유사하지만, 개인
의 상황에 맞춘 차별화된 마케팅 오퍼 메시지를 받는다. 이렇게 과

거 30개에서 38만 개로 세분화된 고객군(Segment)에 귀속된 평균 32명의 고객들에게 보내는 메시지의 개인화 정도는 그 상상을 초월한다.

가령, 바닐라 파우더를 추가한 카페라테만 마시는 LA에 사는 스테이시(Stacy)라는 30대 미혼 여성고객이 있다고 하자. 스테이시의 가장 친한 친구는 고등학교, 대학교 동창인 린다(Linda)라는 동갑내기고, 린다는 샌프란시스코의 IT 회사에서 근무를 하고 있다. 둘은 페이스북, 인스타그램으로 연결된 절친이고, 지역적으로는 떨어져있지만 서로 자주 상대방의 SNS을 찾아보며 근황을 확인하는 사이이다.

스타벅스에서는 스테이시의 주요 방문 매장, 매장 방문 시점, 주로 주문하는 메뉴, SNS의 개인 정보와 날씨 정보와 같은 외부 정보와 연계해 다양한 분석을 수행할 수 있고, 개인정보 활용의 선택적 허용 여부에 따라서 차별화된 마케팅 메시지를 실시간으로 제공한다. 그 예시는 다음과 같다.

Level 1

스타벅스 앱을 설치하고 앱을 이용한 지 얼마 안 된 경우(단순 날씨 정보 등의 외부 가용 데이터와 연계)

"오늘은 LA의 강력한 햇볕이 내리쬐는 더운 날이네요. 오늘 스타벅스에서 아이스 카페라테로 더운 날씨를 피해가는 건 어떨

까요?"

Level 2

스타벅스의 충성고객 세그먼트로 진입했으나, 일부 개인정보 활용에만 동의한 경우

"라테 러버(Lover)인 스테이시! 이번 주에 카페라테 3잔을 드시면 100개 star를 적립해드리겠습니다!"

Level 3

스타벅스 충성고객 세그먼트로 진입 및 개인정보 분석 활용에 동의한 경우(신제품 출시에 개인취향을 분석한 홍보 메시지 발송)

"우리가 생각하기에 스테이시는 차이티 라테를 정말 좋아할 거 같아요. 이건 당신을 위한 음료인데 아직 안 드셔보셨죠?"

Level 4

스타벅스 충성고객 세그먼트로 진입 및 SNS 등 추가 개인정보 분석 활용에 동의한 경우

"당신의 샌프란시스코에 사는 절친인 린다가 지금 카페라테를 마시고 있네요. 오늘 한번 같이 스타벅스에서 카페라테를 마시면서, 절친과 경험을 공유해보는 것은 어떨까요?"

IoT 커피머신과 블록체인 기반 공정무역 프로그램

스타벅스 본연의 균일화된 커피 맛 찾기: 클라우드 사물인터넷 기술 기반 커피머신 도입을 통한 균일한 맛 보증

초개인화 마케팅(Hyper Personalization) 외에 스타벅스가 진행했던 디지털 혁신의 대표적인 사례 중 하나는 클라우드, 사물인터넷 기술을 활용해 전 세계 스타벅스 매장에서 균일 커피 경험을 고객에게 제공한 것이다. 스타벅스는 전 세계로 그 사업을 확대해나가고 있다. 과거 몽골제국이 동쪽으로는 송나라와 고려까지, 서쪽으로는 아랍과 유럽까지 그 영토를 확대해나갔듯이, 스타벅스는 2021년 기준, 78개국에 약 3만 3,000여 개의 매장을 운영하고 있다. 1992년 미국 증시 상장 시 165개 매장에서 2014년 전 세계 2만 개 매장 돌파 이후에도 그 성장 속도는 전혀 줄지 않고 있다. 매년 폭발적으로 매장이 기하급수적으로 늘어나면서, 스타벅스는 '전 세계 매장에 스타벅스만의 고유한 커피 경험을 어떻게 균일하게 고객들에게 제공할 것인가?'를 고민하게 됐다. 스타벅스가 가진 균일한 커피 경험을 전 세계 매장에 제공하기 위해 극복해야 할 제약 조건은 크게 2가지가 있었다.

첫째, 전 세계에 펼쳐진 3만 개 이상의 매장, 둘째는 커피 한 잔을

내리기 위해 필요한 커피머신, 그라인더, 믹서 등 12종 이상의 기계와 장비가 하루 평균 16시간 이상 운용돼야 한다는 점이다. 이러한 두 가지 제약 조건은 각종 기계 장비의 예기치 못한 고장으로 인한 서비스 품질 저하, 각종 유지 보수 비용 증가 이슈를 가지고 왔고, 뿐만 아니라 바리스타마다 커피 제조 교육이 제각각이라 지점에 따라 각각 다른 고객 경험의 제공으로 고객 만족도가 점차 떨어지는 이슈에 직면하고 있었다.

이러한 이슈를 해결하기 위해서 스타벅스는 클라우드 기반의 IoT 기술을 활용하기로 결정했다. 클라우드 기반의 IoT 기술을 도입하기 위해서는 기존 장비를 최대한 활용할 수 있어야 하고, 동시에 모든 장비가 클라우드에 연결돼있으면서도 클라우드와 상관없이 독립적으로 작동할 수 있어야 했다. IoT 기술의 핵심은 수많은 종류의 하드웨어를 통합해서 하나의 서비스로 연결하는 것이기 때문이다. 또한 연결에 필요한 통신 프로토콜이나 보안, 인증과 같은 다양한 문제도 하나씩 해결해야만 했다.

스타벅스는 고민 끝에 마이크로소프트의 애저(Azure) 클라우드의 IoT 솔루션인 '애저 스피어(Azure Sphere)'를 활용하기로 결정했다. 애저 스피어는 마이크로소프트가 인증한 칩셋(Chipset)과 운영체계(OS, Operating System), 운영에 필요한 클라우드 서비스를 포괄적으로 제공하는 IoT 솔루션이다. 손톱만 한 칩셋 형태의 애저 스피어를 스타벅스 매장 내 커피머신 등에 삽입하자 많은 고민이 해결됐다. 장비 교체 없이 기존 장비들을 클라우드와 자동으로 연결할 수 있었고, 데이터를 가까운 커피머신에서 바로 수집해 처리하고, 필요하다면 중앙에 있는 클라우드에 보낼 수 있게 됐다. 애저 스피어 덕분에 압력, 물의 양, 온도, 커피 원두의 종류 등을 실시간으로 파악하고, 기계 상태가 미묘하게 변화하는 순간까지 포착할 수 있게 되면서 프랜차이즈의 생명이라고 할 수 있는 품질 관리가 이전보다 쉬워졌다. 아울러 새로운 커피 제조 레시피가 개발될 때마다 1년에 몇 번씩 USB 등의 저장 장치를 현지에 직접 배송해 제조법을 업데이트해야 하던 작업도 사라졌다. USB에 저장된 레시피를 전 매장에 유통하는 데에는 시간도 오래 걸리고, 배송 사고가 발생하기도 했는데 커피머신을 하나의 클라우드로 연결함으로써 실시간 업데이트가 가능해진 것이다.

클라우드를 적극 활용함으로써 보안과 인증에 대한 염려도 해소가 됐다. 수많은 장비를 통합할 수 있도록 인증서 기반의 장비 간 통신과 업데이트를 지원하는 애저 스피어 시큐리티 서비스(Azure Sphere Security Service) 등 전용 서비스가 스타벅스의 커피머신 등의 장비들을 안전하게 연결해줬기 때문이다. 스타벅스 매장 안에 작은 보안 컴퓨팅 모듈을 둠으로써 데이터가 훼손되거나 노출될 것을 걱정할 필요 없이 커피머신에 안전하게 클라우드 컴퓨팅 서비스를 적용할 수 있게 되었기 때문이다. 이처럼 스타벅스는 클라우드를 활용해 IoT 장비의 연결과 관리 부담을 해결하고, 실제 중요한 데이터 분석에 집중한다. 최근에는 애저 스피어를 통해서 수집하고 분석한 IoT 데이터 등을 바탕으로 잠재적인 사고나 장애를 사전에 예측하는 모델로까지 발전하고 있다. 항공기가 반도체 공장의 유지 보수에 적용하던 '예지 정비(Predictive Maintenance)' 기술을 커피머신에도 적용한 것이다.

커피 원두 생산지와 유통 과정을 투명하게 공개

스타벅스에서는 디지털 기술인 클라우드와 블록체인을 활용해 최근 국내에서도 많은 화두가 되고 있는 ESG(Environmental Social and Governance)[4] 경영에도 앞서나가고 있다. 스타벅스는 1999년 공정 무역(Fair Trade)이라는 암초를 만나게 됐다. 미국의 대표적인 NGO(Non Governmental Organization) 단체 중 하나인

••••

4 기업 활동에 친환경, 사회적 책임 경영, 지배구조 개선 등 투명 경영을 고려해야 지속 가능한 발전이 가능하다는 철학을 담고 있는 기업 용어.

글로벌 익스체인지(Global Exchange)는 1999년 스타벅스 CEO에게 공정하게 거래된 커피를 구입해 생산자에게 돌려주라는 요구를 했다. 그리고 시애틀에서는 "생산자들에게 정당한 대가를 돌려주라"는 캠페인과 평화적인 시위가 진행됐다. 초창기 스타벅스는 글로벌 익스체인지가 요구한 생산품의 질을 확인할 수 없다거나 품질이 낮다는 핑계를 대며, 자신들의 기존 거래 관행을 바꾸기를 거부했다. 하지만 공정 무역에 대한 지속적인 사회의 반향과 관심을 보고 그 입장을 바꾸기 시작해, 2000년 2월에는 공정 무역을 부분적으로 반영하기로, 2001년 초에는 커피 구매에 공정 무역을 100% 반영하기로 입장을 바꿨다. 이후에는 오히려 공정 무역을 CSR(Corporate Social Responsibility)[5]의 하나로 보고, 유통 구조의 개선과 이미지 개선을 통해 적극적인 마케팅의 수단으로 활용하기 시작했다.

이렇게 2000년대 초반부터 진행해온 커피 원두 구매의 공정 무역에 대한 스타벅스의 활동을 블록체인과 클라우드 기술을 활용해 '빈투컵(Bean to Cup)' 프로그램으로 재탄생시켰다. 블록체인 기술의 특징 중 하나는 분산화 기술 기반으로 위변조가 불가능하다

••••

5 기업 활동에 영양을 받거나 주는 직간접적 이해 관계자에 대해 법적, 경제적, 윤리적 책임을 감당하는 경영 기법을 뜻한다.

는 것이다. 따라서 복잡한 유통 구조를 가지고 있는 커피 원두의 유통과정을 투명하게 하는 데 적합한 기술이다. 판매되는 상품이 어디에서 생산돼 어떻게 여기까지 왔는지를 투명하게 제공하는 것은 커피 원두의 품질 관리와 소비자의 신뢰 확보에 꼭 필요한 요소다. 이를 위해 스타벅스는 원두의 원산지와 유통과정을 모두 기록하고, 최종 포장지에 담아 소비자들에게 전달되기까지의 과정을 블록체인으로 구성하는 '빈투컵' 프로그램을 꾸준히 진행하고 있다.

스타벅스 소비자들은 스마트폰 카메라를 이용해 원두 포장에 부착된 마크를 인식해 해당 원두의 생산지를 즉시 확인할 수 있다. 또한 구매한 커피의 출처와 재배지, 나아가 해당 지역 농부의 지원을 위해 스타벅스가 하는 일에 대한 정보도 알 수 있다. 커피가 언제 로스팅됐는지와 시음 후기를 기록한 테이스팅 노트 및 기타 세부 정보까지도 소비자들에게 제공된다.

초기 CSR 활동에 떠밀려서 시작했던 공정 무역의 일환으로 진행된 스타벅스의 활동은 블록체인과 클라우드 기술을 만나서 축적된 데이터들과 결합해 새로운 경제적인 가치를 스타벅스에게 제공하게 된다. 커피 원두 원산지를 확인할 수 있게 되자, 커피 산지에 대한 소비자들의 선호도가 분명하게 반영되기 시작했고, 스타벅스는 해당 산지에 대한 평판까지 추가적으로 관리할 수 있게 됐다. 또 좋은 원두를 생산하는 농민들을 보호하고, 가격을 선정할 때 좋은 원두에 더 높은 가격을 매길 수 있어 원두 품질 향상에도 기여할 수 있게 됐다. 커피 시장의 중요한 요소인 공정 무역의 가치를 블록 체인과 클라우드 그리고 빅 데이터 분석을 통해 검증하고 공개할 수 있게 된 것이다.

스타벅스가 원래부터 블록체인 기술을 보유하고 있었던 것은 아니었다. 스타벅스는 블록체인을 처음부터 새로 구축하는 수고와 낭비를 피하기 위해 마이크로소프트 애저 블록 체인 서비스를 사용했다. 즉, 이미 클라우드에 구축된 서비스를 활용한 것이다. 그 결과, 스마트 계약과 인프라 등 기반 기술이 빠르게 해결됐으며 네트워크 트래픽 등과 같은 비교적 낮은 기술적인 문제와 위험 요인들은 아예 신경 쓰지 않아도 됐다.

스타벅스의 미래 – 디지털 금융 서비스 회사로 도약?

최근 가상화폐가 메인 뉴스에 자주 노출되고 있고, 대한민국의 많은 직장인들도 주식 열풍에 이어 암호화폐까지 자산 증식을 위한 활동의 일환으로 확대일로에 있다. 최근 스타벅스가 가상화폐 거래소 설립에 관련해 회자됐었다. 2021년 1월 11일에 바크트 (Bakkt)와 VPC 임팩트 애퀴지션 홀딩스(VPC Impact Acquisition

Holdings)가 합병해 상장한다고 발표했기 때문이다. 합병 후 회사 가치는 약 21억 달러에 달할 것으로 예상됐다. 그렇다면 바크트라는 회사가 어떤 회사이기에 스타벅스가 회자됐던 것일까? 바크트는 종합 디지털 자산 플랫폼 회사로, 말 그대로 모든 디지털에서 통용되는 자산을 한곳에 모아 관리한다. 여기서 말하는 디지털 자산은 우리가 받는 보상성 포인트(가령 스타벅스의 리워드 포인트)나 항공사 마일리지, 게임머니, 기프트카드 그리고 가상화폐를 포함한다.

그림 1. 바크트의 모바일 암호 화폐 지갑

바크트(Bakkt) 앱의 특징은 다음과 같다.

- 디지털 자산 포트폴리오 관리를 손쉽게 할 수 있다.
- 로열티 프로그램과 리워드를 한눈에 볼 수 있다.
- 친구들에게 돈 갚을 때 현금, 비트코인, 기프트카드 등 어느 것이든지 활용이 가능하다.
- 비트코인 등 암호화폐를 사고팔 수 있다.
- 스타벅스 앱으로 커피나 음식을 살 때 현금이나 비트코인 등 암호화폐를 자유롭게 선택해 사용할 수 있다.
- 바크트 가상 카드를 활용하면, 애플페이나 구글페이를 받는 오프라인 상점 혹은 온라인 사이트에서 디지털 자산을 지불 자산으로 활용할 수 있다.

우리나라에도 OK캐쉬백 앱이나 SK에서 만들었던 시럽과 같이 모든 포인트를 한 플랫폼에서 통합해주는 앱은 있었다. 하지만 그저 곳곳에 나뉘어 관리되고 있던 포인트들을 한눈에 통합해서 보여주는 데 그쳤던 반면, 바크트처럼 통합포인트 조회를 넘어 실생활에서 지불수단으로까지 활용하는 확장 단계에는 미치지 못했다.

바크트의 합병 소식에 스타벅스가 회자됐던 이유는 그 주주 구성에 있다. 바크트 지분의 81%는 ICE(International Exchange)가 보유하고 있다. ICE는 전 세계 1위 증권거래소인 미국 뉴욕 증권

거래소(NYSE)를 보유하고 있는 곳이다. ICE를 제외한 바크트의 주요 주주 구성을 보면, 마이크로소프트와 스타벅스 그리고 보스턴 컨설팅그룹이 있다. 이미 바크트와 스터벅스 앱과의 긴밀한 연계에 대해서는 스타벅스 모바일앱 베타 버전을 보면 예상할 수 있었다. 2020년 3월 16일, 바크트 CEO인 애덤 화이트(Adam White)가 트위터에 스타벅스 모바일 앱 일부 사용자에게 결제 옵션으로 바크트 캐시(Cash)가 표시된다고 공유했기 때문이다.

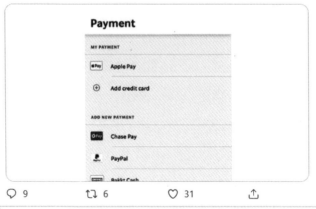

그림 2. 아담 화이트의 트위터

미국에서 자주 이용되는 모바일 결제 앱 부동의 1위는 스타벅스다. 2018년 기준으로 스타벅스 이용자는 2,340만 명으로 애플페이(2,200만 명), 구글페이(1,110만 명), 삼성페이(990만 명)를 압도하고 있다. 놀라운 사실은 다른 결제 서비스들은 대부분의 가맹점에서 사용이 가능한 반면에, 스타벅스는 오로지 스타벅스 주문을 위한 한정적인 서비스라는 점이다. 스타벅스 앱을 통해 충전되는 금액은 미국 중소 은행 예치금 규모를 넘어선 지 오래고, 스타벅스 앱에서 현재 예치금 규모는 미국 내에서만 2016년 12억 달러 규모였고, 2020년 기준으로는 20억 달러로 예상되고 있다. 그럼에도 불구하고 예치금 규모는 매년 증가 추세에 있다. 미국 내에서도 이러할진대 전 세계 78개국 3만 3,000여 개의 매장 전체로 확대해보면, 전 세계 엄청난 통화량이 스타벅스 모바일 앱에 예치금으로 묶여있는 상태임을 쉽게 유추해볼 수 있다.

스타벅스는 당연히 기업 입장에서 이 예치금을 활용하고 싶은 니즈가 있을 것이다. 그래서 대안으로 생각해낸 것이 디지털 자산이다. 현재 한국 스타벅스 앱에 충전금을 예치한 것을 미국의 스타벅스 앱을 통해 활용하는 것은 불가능하다. 뿐만 아니라, 스타벅스는 은행계좌가 없는 국가에도 진출한 글로벌 기업이다. 약 25억 명의 고객이 은행계좌 없이 스타벅스 앱을 설치해 사용하고 있다. 스타벅스가 디지털 기반의 새로운 커피 습관을 창출하는 회사에서 그치는 게 아니라, 디지털 기반의 핀테크 회사로 변모할지도 모른다고 예상되는 이유다. 그래서 그런지 최근 스타벅스 매장 간판의 변화가 예사롭지 않게 보인다. 기존 스타벅스 간판은 'Starbucks Coffee'였는데, 최근 새로 생기거나 리뉴얼한 매장 간판은 Coffee를 뺀 'Starbucks'로만 돼있다. 이미 2018년 아르헨티나에서는 스타벅스가 아르헨티나 로컬 은행인 갈리시아(Galicia)와 협력해 은행을 설립한 사례가 있다. 스타벅스의 차기 사업 방향은 디지털 화폐 플랫폼을 활용한 글로벌 금융 서비스 업체로의 도약이 아닐까 예상해본다.

스타벅스의 강점 – 자기만의 경험 문화를 만들어나가는 능력

스타벅스는 이러한 고도화된 AI/빅 데이터 분석뿐만 아니라 각종 블록체인, 사물인터넷 등 디지털 최신 기술들을 초기 도입하는 수준을 넘어서고 있다. 스타벅스는 단순히 기술을 초기에 도입하는 데 그치지 않고, 이를 그들만의 경험과 비즈니스 특성을 고려해 디지털 기술과 접목, 그들만의 고유한 능력으로 발전시켜나가고 있다. 스타벅스가 초기부터 이러한 디지털 혁신이 가능했던 것은 아니다. 디지털 혁신을 본격적으로 시작하던 2016년 이전, 스타벅스는 기존 IT 시스템 이슈로 실시간 데이터를 추출해 집계하고 분석하는 것조차 불가능했고, 심지어 그 데이터도 정확하고 깨끗한 정보로 수집되지는 못했다. 하지만 이러한 기존 IT 시스템의 이슈보다 더 큰 문제는 조직/인력과 일하는 방식에 대한 이슈였다.

스타벅스가 가지고 있던 조직/인력의 이슈는 디지털/빅 데이터 분석을 전담해서 수행해줄 전문 인력이 터무니없이 부족했고, 데이터를 수집하더라도 이것을 제대로 해석해줄 전문가도 부족하다는 데 있었다.

스타벅스가 가지고 있던 일하는 방식의 이슈는 1) 기존에 활용하고 있었던 정적인 30개의 고객 세그맨테이션 분류 기준을 바꾸려 하지 않았고, 2) 업무 처리 방식도 현업에서 문제를 정의하면 그다음에 IT에서 기술적으로 해결해주겠다는 전통적인 시스템 구축 방식인 워터폴(Waterfall)[6] 방식에서, 디지털 기업들이 일하는 애자

••••

6 한 단계 한 단계로 점진적으로 진행하는 방식이다. 요구사항분석(Business requirement analysis)-설계(Technical Design)-개발(Development)-테스트(Test)-유지보수(Maintenance) 등의 시스템 개발과정에서 각 단계별로 마무리가 돼야 다음 단계로 넘어가는 것이다. 워터폴 방법이 잘 구현되기 위해서는 만들어야 할 것이 분명하고 고객의 의견이 완벽히 반영이 돼있어야 하며 단계별 철저한 준비와 명확한 문서 작업이 필요하고 모든 구성원이 각자의 위치에서 본인 역할을 충실히 수행해야 한다. 반면에 중간중간에 바뀌는 고객의 요구사항의 변화에 대해서 쉽게 반영하기가 어렵고, 개발프로젝트를 진행하게 되면 완성되기 전까지 결과물의 실제를 알기가 어렵고, 다시 변경을 위해서는 많은 시간과 자본이 들어가게 된다.

일(Agile)[7] 방식으로 데이터 분석 결과를 기반으로 민첩하게 현장에 적용하려고 하지 않았다.

이러한 변화를 추진하기 위해서, 복잡한 IT 시스템을 간결한 클라우드 방식의 IT 시스템으로 전환하려는 시스템 개선 노력과 동시에 2012년 기준 100여 명의 디지털 전문가들을 1,000여 명 수준으로 확대하는 디지털 전문인력 확충과 애자일 방식의 업무 변화를 동시에 추진했다. 이러한 스타벅스의 디지털 혁신(Digital Transformation) 노력은 매출 상승과 비용 절감이라는 두 마리 토끼를 잡는 실질적인 효과를 거뒀다.

디지털 혁신(Digital Transformation) 원년인 2016년도 첫해 스타벅스는 8% 매출 성장을 했고, 2017년도에는 15% 매출 성장을 거뒀다. 고객 만족도 지표는 +5포인트의 획기적인 상승을 이뤘으며, 마케팅 오퍼에 대한 반응률로 전에 의미 없이 무작위로 보내던 단순 프로모션 메시지 대비, 반응률이 2배 이상 상승한 성과를 거뒀다.

••••

7 전통적으로 시스템을 개발하던 워터폴 방식과는 달리, 한 번의 주기가 아니라 짧은 주기로 같은 패턴의 진행방식을 지속적으로 반영해 하나의 시스템 개발 프로젝트를 완성하는 것을 의미한다. 처음부터 완벽한 결과물을 만들어내는 게 아니라 시장과 고객의 요청사항을 개발 과정 중에 반영해 최종적으로 완벽한 결과물을 만들어나가는 시스템 개발 진행방식이다.

사이렌 오더(Siren Order) 시스템을 도입한 주문 대응방식의 변화로 인해 1억 분(100 million minutes)에 가까운 매장 점원의 시간을 절약해 판매시간을 감축하는 효과를 거뒀다.

스타벅스의 CTO(Chief Technology Officer)는 한 언론과의 인터뷰에서 스타벅스 디지털 혁신의 성공 노하우를 이렇게 설명했다.

"스타벅스는 기술이 어떤 식으로 스타벅스에서 구현되는지를 중시한다. 스타벅스는 고객 경험을 지금보다 더욱 강화하기 위해서 최신의 IT와 디지털 기술들을 더 적극적으로 빨리 도입해야 한다고 생각했다. 이러한 기술 도입의 과정은 단순히 기존 시스템을 클라우드로 옮기는 데에 그치지 않고, 마이크로소프트와 같은 IT 기업과 전략적인 파트너십을 통해서 고객에게 커피 한 잔을 제공하기까지 전 과정에 걸쳐서 이전에는 없던 스타벅스의 노하우와 서비스를 개발하고 운영하는 데에 집중했다."

스타벅스는 디지털 시대의 진짜 기업 경쟁력은, 최신 기술을 먼저 도입하는 것도 중요하지만 그보다는 자기만의 고유한 비즈니스 특성과 경험, 문화를 만들어내는 능력임을 증명했다. AI, IoT, 블록체인, 클라우드 등 최신 디지털 기술을 기꺼이 열린 마음으로 수용하고, 이러한 변화를 기업 본연의 무기로 어떻게 내재화할 수 있을지, 이렇게 내재화하기 위해서 기업 내부 문화를 어떻게 바꿔나갈지는 이제 디지털 혁신을 고민하는 모든 기업들에게 공통의 숙제가 됐다.

　단순 기술 도입을 넘어서 기술이 기업의 고유한 자산 및 경험과 유기적인 화학 반응을 일으켜서 기업 안으로 녹아들어가게 만드는 것이 바로 진짜 디지털 시대의 경쟁력이다.

디지털 혁신 성공 사례 vs 실패 사례 분석

　BCG(Boston Consulting Group)에서 디지털 혁신의 성공 사례를 분석한 결과, 조직에 필요한 디지털 혁신 과제 선정이 디지털 혁신 성공에 기여한 바는 전체 100% 중 10% 정도에 불과했다. 디지털 혁신 과제에 최적의 디지털 기술을 구현했을 때 디지털 혁신 성공에 미치는 기여도는 전체 100% 중 20%밖에 안 되며, 전체 디지털 혁신 성공에 미치는 기여도의 70%는 디지털 과제를 수행하는 인력의 우수성 및 일하는 업무 방식의 변화가 좌우했다. 결국, 디지털 혁신의 성공을 위해서는 디지털 혁신 과제의 선정이 중요한 게 아니라 디지털 혁신 과제를 조직원들이 잘 실행하는 게 디지털 혁신(Digital Transformation)의 성공에 얼마나 중요한지를 다수의 성공 사례 분석을 통해서도 확인할 수 있었다.

　디지털 혁신을 추진하고 있는 기업들의 경영진에게 어려운 점을
문의 시에, 다음과 같은 어려움을 토로하고 있다.
　- 우수한 디지털 인재 확보의 어려움
　- 적절한 디지털 관련 교육 프로그램 없이 디지털 인력 육성
　- 고객 관점을 무시한 디지털 변화 추진
　- 디지털 혁신을 위한 내부 임직원의 공감대 및 준비 부족
　- 복합한 기존 IT 시스템, 제한된 저장 공간 및 컴퓨팅 속도 등의
　　IT/시스템 이슈
　- 미흡한 데이터 거버넌스 및 조직 구성

　디지털 혁신의 어려움의 상당 부분의 이슈가 디지털 인재의 육
성/확보 및 일하는 방법의 변화에서 다수의 기업들이 어려움을 겪
고 있는 것으로 나타났다.
　오히려 디지털 혁신에 가장 중요한 성공 요인은 기술이 아니라 사
람과 일하는 방식의 변화에 있는 것이다. 디지털 혁신을 선도하고
있거나 경험하고 있는 글로벌 선도 회사 CEO들은 공통적으로 역
량 있는 디지털 인재 확보 및 일하는 방식의 변화가 디지털 혁신
(Digital Transformation)의 필수적인 성공요인으로 인지하고 있다.

또한, 이를 위해서 시장에서 경쟁력 있는 우수 디지털 인재를 확보하기 위해서 다각도의 노력을 경주하고 있다.

디지털 인재의 특성은?

2020년 6월, 인터크루&알바몬에서 조사한 대학생이 뽑은 가장 일하고 싶은 톱(Top) 10이 발표됐다. 1위부터 3위까지 카카오, 삼성전자, 네이버 등 ICT 기업들이 차지했다. 공통점은 최근 코로나 19 이후에 언택트 추세와 맞물려 각광받는 기업인 동시에, 디지털 인재들이 공통적으로 가고 싶어 하는 기업이라는 점이다.

네이버, 카카오와 같은 디지털 플랫폼 업체들과 격전을 벌이고 있는 금융산업의 경우, 디지털 인재 채용/충원에 대해 그 고민의 깊이가 더해지고 있다. 네이버파이낸셜, 카카오뱅크 등의 테크핀(Tech Fin) 회사들과 경쟁하기 위해서 전통 금융 기업들인 디지털 인재 확충에 열을 올리고 있으며, 보상을 더 해주더라도 우수한 디지털 인재를 채용하기 위한 노력을 경주하고 있다. 디지털/IT 인력의 확보를 위해서 공개채용에서 수시채용 체제로 전환하고, 기존의 연봉 체계와 다른 새로운 보상체계를 마련해 디지털 기업들과 인재 확보 전쟁을 벌이고 있다. 필자가 국내 유수 은행의 데이터 전략 프로젝트 건으로 담당 임원과 미팅을 했을 때 AI/빅 데이터 전문가를 채용하는 게 어렵다는 말을 들은 적이 있었다.

2020 대학생이 꼽은 가장 일하고 싶은 기업 TOP 10	
1위	카카오
2위	삼성
3위	네이버
4위	CJ엔터테인먼트
5위	대한항공
6위	현대자동차
7위	아모레퍼시픽
8위	LG생활건강
9위	CJ제일제당
10위	SK이노베이션

조사대상: 대학생 1,045명 / 조사기간: 20.06.02~05.(4일간) / 인터크루&알바몬

도표 2. 가장 일하고 싶은 기업 TOP 10

"이번에 저희가 채용하려고 했던 데이터 분석가가 저희 은행과 카카오뱅크와 두 군데에 입사 확정이 됐다고 하는데 결국 카카오뱅크로 간다고 하네요. 그런데 이해가 안 되는 게 있어요. 저희 은행이 카카오뱅크보다 급여를 더 주는데 왜 이 친구는 카카오뱅크를 간다는 것일까요?"

카카오뱅크와 국내 넘버원 은행과 동시에 합격한 디지털 인재 경우, 국내 No.1 은행 임원의 끈질긴 구애에도 불구하고, 최종 선택지는 카카오뱅크였다. 그 이유를 들어본 결과 카카오뱅크에서 2~3년 뒤에 경험을 쌓으면 본인의 AI/빅 데이터 전문가로서의 가치가 높아질 것이라고 생각하는 것이었다. 카카오뱅크에서 더 많은 고객 데이터, 거래 데이터를 가지고 본인이 좋아하는 다양한 분석 및 세상에 없는 새로운 금융상품을 만들어볼 수 있겠다는 생각으로 비록 급여는 국내 No.1 은행보다 낮으나, 카카오뱅크 입사를 최종 선택하게 됐다는 전언이었다.

위의 사례에서 보듯이, 디지털 인재는 일반 인재들과는 다른 특성을 보인다. 직장 선택의 기준이 1) 본인이 조직 내에서 자기개발의 기회를 가질 수 있는지, 2) 좋아하는 제품/서비스를 만들어볼 수 있는 기회가 있는지, 3) 일과 삶의 균형(Work and life balance)을 이룰 수 있는 직장인지, 4) 적절한 보상과 혜택이 주어지는 직장인지 등에 대해서 좀 더 직장 선택에 우선순위를 두는 경향을 보인다. 글로

디지털 인재가 꼽은 가장 일하고 싶은 기업 TOP 10	
1위	구글(Google)
2위	애플(Apple)
3위	마이크로소프트(Microsoft)
4위	아마존(Amazon)
5위	삼성(Samsung)
6위	IBM
7위	페이스북(Facebook)
8위	소니(Sony)
9위	버진(Virgin)
10위	BBC

도표 3. 디지털 인재의 선호 기업 순위(UK 기준)

벌 설문 조사 결과, "좋아하는 일을 할 수 있는 직장이라고 하면, 연봉/급여의 조정(심지어 삭감)도 가능하다"고 이야기하고 있다.

그렇다 보니, 다수 기업들이 찾는 디지털 인재들이 선호하는 직장을 살펴보면 금융, 제조업 등 전통적인 기업들은 디지털 인재의 선호 직장 리스트에서 후순위에 있으며, 구글, 애플, 아마존 등 개인의 향후 커리어 및 경력을 빛내주고 성장할 수 있는 기업들을 우선순위로 선택하는 경향을 보이고 있다.

뿐만 아니라, 잡바이트(Jobvite)에서 미국에서 디지털 인력의 이직률을 분석한 결과를 보면, 미국 디지털 인력의 42%가 평균 5년에 1회씩 이직을 하는 경향을 보이고 있으며, 그 이직률은 매년 상승하고 있는 추세다. 특히 미국 내 밀레니얼세대[8]의 약 46%는 3년 이내에 다른 직장으로 이직하는 경향을 보이고 있다. 즉, 디지털 인재들이 분포돼있는 밀레니얼세대의 경우에 그 이직 주기는 더욱 짧아지고 있다. 따라서 디지털 인재를 높은 연봉으로 데리고 와도, 디지털 인재의 유지에 대해서 많은 인사 담당자들의 고민의 깊어지고 있다.

••••

8 1980년대~2000년대 출생으로, 디지털/IT에 능통하다는 특징을 보임.

디지털 인재의 정의

세계경제포럼(World Economic Forum)에서는 2022년까지 1.3억 명이 추가로 필요한 직업군과 7,500만 명이 감소될 직업군에 대해서 정의했다.

새로 떠오르는 대부분의 직업들이 디지털과 관련된 직업들이다. 디지털 시대에 갖춰야 하는 역량으로 회자되는 것은 다음과 같다.

- 창의력(Creativity)

- 비판적 사고(Critical thinking)

- 협업 능력(Collaboration)

- 디자인적 사고(Design thinking)

- 빠른 학습 능력(Learning agility)

한편으로는 조직 내에 디지털 혁신을 실행할 수 있는 다양한 디지털 인재들을 충원 및 육성해야 한다고 이야기하고 있다.

기업들에서 이야기하는 디지털 인재의 예시는 하기와 같다.

- 데이터 분석가(Data scientist)

- 프로덕트 매니저, 스크럼 마스터(Product manager, Scrum master)

- UX/UI 디자이너(UX/UI designer)

- 디지털 마케터(Digital marketer)

- 드론 교관, 조종사(Drone instructor and operator)

- 가상현실 디자이너(Virtual reality designer)

- 소프트웨어 엔지니어(Software engineer)

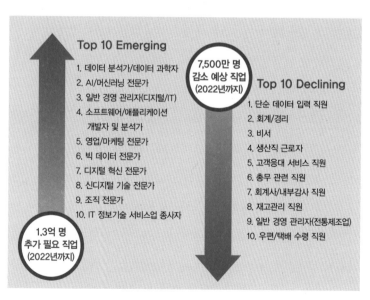

Top 10 Emerging
1. 데이터 분석가/데이터 과학자
2. AI/머신러닝 전문가
3. 일반 경영 관리자(디지털/IT)
4. 소프트웨어/애플리케이션 개발자 및 분석가
5. 영업/마케팅 전문가
6. 빅 데이터 전문가
7. 디지털 혁신 전문가
8. 신디지털 기술 전문가
9. 조직 전문가
10. IT 정보기술 서비스업 종사자

7,500만 명 감소 예상 직업 (2022년까지)

Top 10 Declining
1. 단순 데이터 입력 직원
2. 회계/경리
3. 비서
4. 생산직 근로자
5. 고객응대 서비스 직원
6. 총무 관련 직원
7. 회계사/내부감사 직원
8. 재고관리 직원
9. 일반 경영 관리자(전통제조업)
10. 우편/택배 수령 직원

1.3억 명 추가 필요 직업 (2022년까지)

도표 4. 떠오르는 직업과 감소 예상 직업

디지털 인재 확보/유지/ 육성에 대한 도전 요소 및 극복 방안

디지털 혁신을 실질적으로 실행할 수 있는 인재가 확보될 때까지 언제까지 디지털 혁신을 미루고만 있을 것인가? 디지털 인재의 경우, 자발적 이직이 빈번할 수 있음을 당연하게 받아들이고 기존 조직에게 해왔던 것처럼 동일한 평가기준으로 평가하고 대응해야 할 것인가?

디지털 혁신을 성공적으로 이끌고자 할 때에 필수 요소가 디지털 혁신을 실행할 수 있는 디지털 인재의 확보/내재화와 일하는 방식의 변화라고 했을 때에, 어디부터 이러한 난제를 해결해야 할 것인가?

디지털 혁신을 진행함과 동시에 실행에 대한 고민을 하지 않을 수 없으며, 디지털 혁신과 동시에 디지털 인재 확보 및 육성, 일하는 방식의 변화가 동시에 진행돼야 한다. 궁극적으로 컨설턴트나, 외부 개발자에게 의지하지 않고 스스로 디지털 혁신을 할 수 있는 조직으로 탈바꿈할 수 있는지, 기업/조직 내에 디지털 성공 경험을 내재화할 수 있는지가 디지털 혁신 성공의 가늠자가 될 것이다. 하지만, 디지털 혁신도 때를 놓치면 안 되는 것이기에 디지털 혁신을 위해서 장기적으로는 디지털 인재를 내재화하고 육성하는 데에 중점을 두지만, 단기적으로 시장상황 및 기업 내부 상황을 고려해 대규모 디지털 인력을 가진 회사를 인수하거나 아웃소싱을 통한 외부 전문가 활용 방안도 동시에 검토가 돼야 한다.

많은 기업들이 디지털 혁신을 외치지만 혁신을 지속적으로 하기 위한 "학습조직"으로서의 준비는 얼마나 하고 있고, 디지털 혁신을 계획대로 성공하기 위한 디지털 인재의 수혈, 내부 전환, 육성 등에 대해서는 얼마나 준비를 하고 있는지 질문하고 싶다.

먼저 기업들 스스로가 디지털 시대에 디지털 혁신을 위한 디지털 인재 확보/유지/육성에 대한 접근방법을 동시에 준비해야 할 때다. 그 접근 방법은 다음과 같다.

Step 1: Talent strategy and planning(인재 수요 예측 및 전략)

- 우리에게 필요한 디지털 인재는 누구인가?
- 언제 어떤 직군/직급의 디지털 인재가 얼마나 필요한가?

Step 2: Sourcing strategy(인재 소싱 방안)

- 우리에게 필요한 디지털 인재를 어떻게 확보할 것인가?(경력 채용, 신입 채용, 내부전환)
- 특히 기존 인력 중 디지털 인력으로 전환이 가능한 인력은 누구인가?

Step 3: Acquisition(인재확보)

- [외부채용] 어떻게 시장에서 최고의 디지털 인재를 데리고 올 수 있는가?
- [내부전환] 어떻게 기존 인력을 디지털 인력으로 전환할 것인가?

Step 4: Performance management & reward(성과평가 및 보상)

- 디지털 시대에 맞는 평가/보상체계는 어떤 것인가?
- 평가 보상 관점에서 디지털 인재의 몰입도를 높일 수 있는 방안은 무엇인가?

Step 5: Organization(조직)

- 기업의 디지털 혁신 단계 및 인재 확보 수준에 따라 디지털 조직은 어떻게 운영해야 하는가?

2

디지털 인력/업무 혁신 접근 방법론은 무엇인가?

디지털 인력/업무 방식 혁신(Digital Talent Transformation)은 비즈니스 현장에서 발현하는 요구사항을 기반으로 정의된 DT(Digital Transformation) 전략 및 과제를 기반으로 한다.

기업의 디지털 혁신(Digital Transformation) 성공을 위한 인재 채용 계획부터, 소싱전략, 인재확보 이후 평가보상, 조직 설계 및 운영, 일하는 방식의 개선까지 종합적인 디지털 인력/업무 방식 혁신 활동을 의미한다.

디지털 인력/업무 방식 혁신

디지털 혁신에 성공한 기업들은 디지털 혁신 과제의 우선순위를 정하고 공감대를 형성하는 실행 과정과 동시에 내부 디지털 역량을 확보해 디지털 과제들이 조직 내에 전파될 수 있도록 했다 (scale-up).

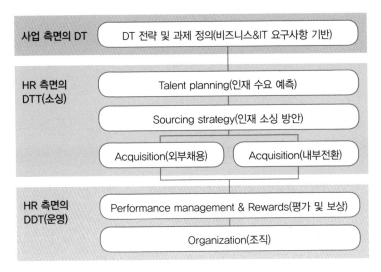

사업 측면의 DT
DT 전략 및 과제 정의(비즈니스&IT 요구사항 기반)

HR 측면의 DTT(소싱)
Talent planning(인재 수요 예측)
Sourcing strategy(인재 소싱 방안)
Acquisition(외부채용)   Acquisition(내부전환)

HR 측면의 DDT(운영)
Performance management & Rewards(평가 및 보상)
Organization(조직)

Digital talent transformation
DTT란 → 사업 관점 DT(Digital Transformation)의 성공적 추진을 위한 인재 채용 계획부터 소싱 전략, 인재 확보, 이후 평가/보상에 이르는 일련의 혁신 활동을 뜻함.

도표 5. DTT 접근방법

또한 조직 내 진정한 디지털 인재 양성과 변화 과정을 자산으로 내재화하는 과정을 거친 기업들만이 진정한 디지털 혁신 성공을 해왔다.

다음 미국 선도금융사인 캐피털 원의 사례를 중심으로 디지털 업무/혁신 변화과정을 상세히 살펴보도록 하겠다.

사례 #1 │ 캐피털 원의 디지털 인재/업무 혁신 사례

하기의 도표는 캐피털 원이 1단계 디지털 혁신 여정을 시작한 2011년부터 3단계 디지털 혁신을 시작한 2018년도까지의 전사 인력구조 변화를 나타낸 것이다.

캐피털 원이 디지털 혁신(Digital Transformation)을 처음 시작하던 2011년만 하더라도, 디지털/IT 직군은 4만 7,100명 중 2,500여 명으로 전체 임직원의 5% 수준이었다.

디지털/IT 업무의 상당 부분은 IBM에서 아웃소싱을 수행해왔다. 하지만, 디지털 혁신을 추진하기 위해 디지털/IT 기술의 핵심역량 내재화가 중요하다고 판단한 캐피털 원은 디지털 혁신(Digital Transformation)을 진행하는 동시에 디지털 인력 혁신(Digital Talent Transformation)을 수행하게 된다.

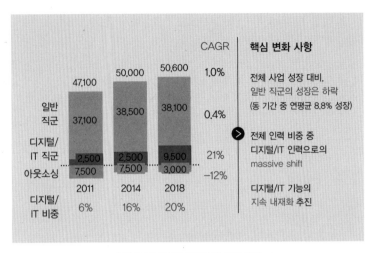

도표 6. 캐피털 원 전사 인력 구조 변화

사업 측면의 디지털 혁신(Digital Transformation)

먼저 캐피털 원 디지털 혁신 발전 경로를 살펴보자.

2011년도에 미국 전략 컨설팅 회사인 베인앤드컴퍼티(Bain& Company) 출신의 롭 알렉산더(Rob Alexsander)가 CIO로 취임하면서 본격적으로 캐피털 원의 디지털 혁신이 시작됐다. 1998년도 캐피털 원에 입사한 그는 신용카드 사업과 개인고객 대출사업 등의 현업 경험을 하면서, 은행 IT가 기업 혁신의 속도를 높이는 데 핵심임을 일찌감치 인지했다. 2007년도 CIO에 취임한 그는 일하는 방식을 IT 부서에 접목하는 것과 동시에 실제 IT 개발을 위한 디지털/IT 인력의 내재화가 핵심임을 깨닫고 장기간의 계획을 가지고 단계적인 디지털 혁신 작업을 진행하게 된다.

그 단계별 디지털 혁신 여정 요약은 다음과 같다.

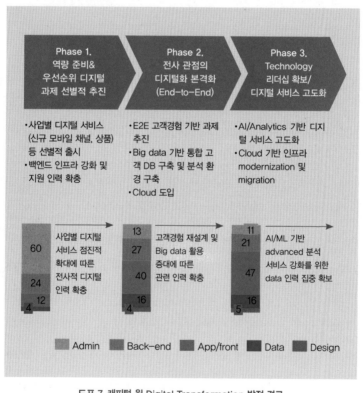

도표 7. 캐피털 원 Digital Transformation 발전 경로

캐피털 원 디지털 혁신 여정 단계 1 (2011-2014)

- 애플의 아이폰을 시작으로 촉발된 스마트폰 혁명에 대응하
기 위해 새로운 모바일 채널에 맞는 상품을 선별해 데이터
분석 환경 및 인프라 구축
- 백엔드 인프라 강화 및 IT/개발 인력의 양적 확충

캐피털 원 디지털 혁신 여정 단계 2 (2014-2018)

- 애자일 방법론을 전사 차원에서 본격 적용해 고객 경험 기반
디지털 과제 추진
- 빅 데이터 기반 통합 DB 구축 및 분석 환경 구축
- 백엔드 인프라 합리화 추진 및 아마존과 협업을 통한 클라우
드 도입

캐피털 원 디지털 혁신 여정 단계 3 (2018-현재 진행 중)

- 애자일 방법론을 전사 차원에서 본격 적용해 고객 경험 기반

디지털 과제 추진

- 빅 데이터 기반 통합 DB 구축 및 분석 환경 구축

- 백엔드 인프라 합리화 추진 및 아마존(Amazon Web Service)

  과 협업을 통한 클라우드 도입

HR 측면의 디지털 인력 /업무 방식 혁신

캐피털 원이 2011년도부터 3단계에 걸친 점진적인 디지털 혁신을 추진하면서, 가장 성패의 주안점을 뒀던 부분은 디지털/IT 인력의 내재화다.

기업은 효율적인 운영을 하면서 이윤을 남겨야 하기 때문에, 필요한 인력을 모두 뽑아서 쓸 수 없다. 기업이 필요로 하는 디지털 인재는 다른 기업에서도 모두 필요한 인재들이기에 인력시장에서 공급이 제한적일 수밖에 없는 게 현실이다. 무리하게 인력의 내재화를 추진하는 것은 기업의 인건비 비중을 높여서 기업에 큰 부담으로 작용한다. 그리고, 외부에서 수혈된 디지털 인력들이 제대로 조직 내에서 성과를 창출하기 어려운 환경으로 세팅이 돼있는 경

우가 많다.

따라서, 외부에서 수혈된 디지털 인재들은 기존 조직원들과 갈등이 있어 퇴사를 하게 되고, 디지털 인재들이 일하기 좋지 않은 직장이라는 소문이 양산돼 새로운 디지털 인재의 수혈이 어려워지는 악순환의 고리가 반복된다. 그러면 장기적으로 디지털 인재의 내재화를 통한 지속적인 디지털 혁신은 요원해질 수 있다.

따라서 디지털 인재의 내재화를 통해 성공적인 디지털 혁신을 추진하기 위해서는 디지털 혁신 과제를 수행하기 위한 디지털 인재의 채용/충원 계획뿐만 아니라 기업 전체 인력 규모/구조의 변화까지 감안한 세밀한 기업 인력 수요계획(Resource Planning)이 필요하다.

1단계, 2단계, 3단계의 디지털 트랜스포메이션(디지털 혁신) 계획을 성공적으로 수행하기 위해, 캐피털 원은 각 단계별로 필요한 디지털 역량을 세분화하고 인재 수요-공급의 갭을 채우는 디지털 인재 확보 전략을 세우기 시작했다.

일반적으로 디지털 인재 확보를 위한 인력 소싱 옵션은 1) Insourcing(내재화)과 2) Outsourcing(외주)으로 나뉜다. 하지만 앞에서 언급한 대로, 무리한 인력내재화는 기업의 인건비 부담으로 작용할 수 있기 때문에 회사별로 환경에 따라서 현실적인 방안이 필요하다.

일반적으로 하기 표에 나와 있는 대로 일반적인 디지털 전문인력 소싱 옵션은 다양한 기업 내의 핵심 고려사항을 염두에 둬야 한다. Insouring의 방안으로 기존 인력의 재교육을 통한 디지털 전문가 육성을 고려하는 경우 핵심 고려사항은 다음과 같다.

Digital 전문 인력 소싱 옵션		핵심 고려 사항 (Selective)
Insourcing	내부 전환	전통적인 직군 인력을 대상으로 디지털 전문가 육성	• 내부 전환 가능한 디지털 직군 영역 • 교육 기반으로 달성 가능한 역량 고도화 수준 • 전환 거부감 또는 전환 실패 시 사례 관리
	외부 채용	디지털 전문 경력직 채용	• 디지털 전문 직군 관련 Job market 상황 • 기존 조직 문화의 외부 전문 인력 수용도 • Digital/tech giant 대비 top tier 확보 가능성
		캠퍼스 리크루팅	• Digital giant 대비 top tier 확보 가능성 • 실무 활용 가능 수준까지의 교육 투자비/기간 • 전문가 vs 신입직원 비중
Outsourcing		디지털 전문 서비스 업체 외주 용역 의뢰	• 중장기 Digital 역량 내재화 • 외부 인력의 역량 수준 • 운영 비용 증대 및 보안 사고 리스트

도표 8. 디지털 전문 인력 소싱 옵션

내부인력 전환 시 핵심 고려사항

- 내부전환 가능한 디지털 직군은 무엇인가?
- 내부인력 대상 교육으로 필요한 디지털 역량의 고도화가 가능한 것인가?
- 전통 인력의 디지털 인력으로 전환이 내부적인 조직 내에 공감대가 있지 않아서 거부감을 가진다거나, 교육 이후 전환이 실패했을 때에 어떻게 조직원을 관리할 것인가?

반면 외부 채용을 고려할 때는 경험을 가진 경력직 채용과 신입 채용으로 구분될 수 있다. 경력직 채용을 고려하는 경우에 핵심 고려사항은 다음과 같다.

외부 경력직 채용 시 고려사항

- 기업에서 필요한 디지털 역량 가진 직군을 외부에서 충분히 수혈할 수 있는 상황인가?
- 외부 전문 인력의 채용 시 포용하고 같이 업무를 수행하는 데 무리가 없는 조직 문화인가?

- 카카오/네이버와 같은 디지털 대기업과 경쟁해서 필요인력을
  무리 없이 확보할 수 있는 가능성은 어느 정도 되는가?

신입 사원 채용 시 고려사항

- 디지털 대기업 대비 최고 수준의 신입 사원 채용 가능성은
  어떻게 되는가?
- 신입사원을 교육시켜, 실무 투입에 무리가 없을 정도로 양성
  하는 데 투자되는 비용과 기간은 어떻게 되는가?
- 해당 디지털 역량을 가진 전문 경력직과 신입사원의 구성 비
  율은 어떻게 되는 게 바람직할까?

외부 인력 충원 시 구인 시장의 상황이나 내부 인력의 전환비용 및
기간을 종합적으로 고려해, 내재화가 적합하지 않은 디지털 직군의
경우는 아웃소싱을 검토해야 한다. 다만, 아웃소싱을 적극 검토를 하
더라도 하기와 같은 핵심 고려사항이 선제적으로 검토돼야 한다.

아웃소싱 진행 시 고려사항

- 단기간에 아웃소싱을 활용하더라도 장기적으로 디지털 인력의 내재화가 필요한가? 필요하다면 그 전략은 무엇인가?
- 아웃소싱 진행 시 필요한 아웃소싱 인력의 기업 내 필요 디지털 역량 수준은 어떠한가?
- 아웃소싱 인력 활용 시 기업이 지불해야 하는 전체 비용과 내재화 시에 고정 인력비용과 비교 및 외부 아웃소싱 인력활용 시 필요한 보안 수준은 무엇이며, 보안사고 우려는 어떻게 미리 방지할 것인가?

캐피털 원의 직군별 디지털 전문 인력 소싱 차별화 전략

캐피털 원은 앞의 핵심 고려사항을 염두에 두고 필요한 디지털 전문인력 유형을 정의하고, 유형별로 필요한 전문인력 소싱 옵션을 우측 표와 같이 정의했다.

크게는 디지털 전문 인력 유형을 Product Owner, UX/UI 디자이너, Data 분석가, Software Engineer(개발자) 등으로 구분했다. 한 축으로는 디지털 전문인력 소싱 옵션을 Insourcing과 Outsourcing으로 1차적으로 나눈다.

이후에 Insourcing의 경우 내부전환/외부 경력직 채용/신입채용 등으로 상세하게 구분해 디지털 전문 인력 유형별 적절한 인력 소싱옵션 전략을 세웠다.

Digital 전문 인력 소싱 옵션		Product owner	UX/UI designer	Data scientist	Software engineer
Insourcing	전통 직군 인력을 대상 으로 디지털 전문가 육성	1순위	N/A (제한적)	2순위 (AI/ML 제외)	N/A (제한적)
	디지털 전문 경력직 채용	2순위	1순위	1순위	1순위
	캠퍼스 리크루팅	3순위	3순위	3순위	2순위
Outsourcing	디지털 전문 서비스 업체 외주 용역	4순위	2순위	4순위	2순위
		↓	↓	↓	↓
Rationale		디지털 전문 인력 유형	Tool 사용에 전문성 요구	AI/ML을 제외한 분석은 기존인력 우선	개발 난이도/중요도 낮은 영역은 신입 중심

도표 9. 디지털 전문 인력 유형

Product Owner

- 최근 카카오, 네이버, 쿠팡과 같은 디지털 기업들에게서 많
  이 볼 수 있는 직군이다.
- 디지털 기업들은 End to End 고객향 서비스를 개발하기 위

해서 서비스 기획, 서비스 운영, 개발자, UX/UI 디자이너 등을 한 조직으로 묶는 완결형 조직을 지향한다.

- Product Owner는 서비스 End to End를 책임지는 리더다.
- 쿠팡의 경우 직원 4~9명이 한 조직 밑에 모여서 하나의 기능을 계속해서 고객 친화적으로 개발하고 유지·발전시키는 역할을 하게 된다.
- 캐피털 원의 경우, Product Owner는 기존 금융 업무 및 서비스에 대한 이해를 기반으로 진행되는 것이 바람직하다고 판단했다.
- 결론적으로 전통 금융인력을 재교육해서 Product Owner로 양성하는 것이 가장 바람직하다고 판단돼 1순위로 내부직원의 재교육을 통한 디지털 인력으로 전환 방식을 추진했다.
- 내부 직원의 재교육을 통한 인력 충원을 최우선순위로 두되, 2순위로 핀테크 기업, 디지털 기업 등에서 유사한 경력을 가진 디지털 인재를 충원하는 방식으로 접근했다.
- 다만, 이 직무는 서비스를 End to End로 기획하고 이끌어나가는 중요한 업무 영역이기에 아웃소싱은 절대로 하지 않는 것으로 못 박았다.

UX/UI 디자이너

- 캐피털 원에서 이 영역은 기존 인력을 재교육시켜서 전환하
기에는 요원한 부분이라 디지털 전문 인력을 채용하는 것을
1순위로 두고 인력 소싱을 추진했다.
- 이 영역은 현재 DT 계획별로 진도를 나가야 하는 부분이 있
어서 내부 인력 충원이 여의치 않을 경우 전체 DT 과정이 방
해를 받을 수 있기에, 외부 아웃소싱을 2순위로 염두에 두고
추진했다.

Data scientist

- 지금 대한민국에서 제일 구하기 어려운 직군이 Data
Scientist다.
- 미국도 Data scientist는 인력 채용은 매우 어려운 상황이
었다.
- 캐피털 원은 1순위로는 시장에서 외부 디지털 전문 인력 채
용을 두되, AI/ML(Machine Learning)과 같은 고도화된 기
술 전문가를 제외하고는 단순한 Business 분석가 역할을

할 수 있는 직무는 금융 현업에 대한 충분한 이해가 전제돼
야 하기에 이 영역은 내부 직원을 재교육시켜서 디지털 인력
으로 전환하는 방법을 추진했다.

- 캐피털 원은 Data scientist는 내부 민감 정보를 다루고, 기
  업의 의사결정을 지원할 수 있는 핵심 직군이라 이 영역을
  아웃소싱하는 부분은 최대한 배제했다.

개발자

- 개발인력 역시 UX/UI 디자이너처럼 내부직원의 재교육을
  통한 디지털 인재 전환은 어려울 것으로 판단했다.
- 캐피털 원은 경험 가진 디지털 인력(개발자)을 외부 채용하는
  것을 1순위로 두되 컴퓨터공학 전공을 가진 신입사원을 양성
  해 경험을 쌓게 하는 방법과 일부 범용화된 기술의 경우에 외
  부 아웃소싱 인력을 적절히 활용하는 방안을 2순위로 뒀다.

캐피털 원의
Transformation 1~3단계

앞서 캐피털 원의 디지털 인력 직군별 소싱 옵션 사례에 대해서 상세히 살펴봤다. 이번에는 캐피털 원의 DT 단계별 어떠한 미션을 가지고 디지털 인력 Transformation을 수행했는지를 알아보자.

2011년도는 캐피털 원이 디지털 혁신 여정 1단계(Phase 1)를 시작한 원년이다.

앞서 이야기한 대로, 캐피털 원은 2011-2014년도까지 진행한 디지털 혁신 여정 1단계에서 디지털 혁신 역량을 조직 내에 내재화하기 위한 양적인 준비를 시작했다. 그리고 선별적인 디지털 과제를 추진했다. 2011년에서 2014년도 진행된 디지털 혁신 여정 1단계에서 캐피털 원이 진행한 디지털 인력 Transformation은 2단계로 나눠 진행됐다.

[1단계] 핵심 역량 확보

캐피털 원은 2011년도부터 진행한 DT 과제를 성공적으로 수행

하기 위해서 디지털 인력확보 및 내재화가 매우 중요하다고 일차 판
단을 했다. 이를 위해서 캐피털 원은 다양한 전술을 구사하게 된다.

기존 외주사/계약직 인력 전환

2011년 이전까지 캐피털 원은 시스템 개발/운영에 대해서 IBM
에 외주를 주고 있었다. 7,500여 명의 인력이었다. 디지털 인력의
내재화를 하기로 결심한 캐피털 원은 디지털/IT 인력 중에 1,500
여 명을 캐피털 원 정규직으로 전환했다. 이를 통해 양적인 인력 확
충을 했다.

디지털 셀럽(Celebrity) 채용

디지털 인재들은 1) 자기계발 기회 여부, 2) 일과 삶의 균형, 3)
좋아하는 일을 할 수 있는지? 4) 보상과 혜택 등을 종합적으로 고
려해 직장을 선택한다고 답했다. 디지털 인재들은 자기계발 기회를
위해서 좋은 멘토를 만날 수 있고, 이러한 멘토를 통해서 배움의
기회가 있다면 적극적으로 직장을 선택하는 데에 큰 고려요인이
될 수 있다. 캐피털 원 역시 디지털 인재 채용을 강화하기 위한 일
환으로 디지털 셀럽를 캐피털 원에 데리고 오기로 결정한다. 댄 마

코스키(Dan Makoski)[9]가 그 예의 하나다.

댄 마코스키는 구글의 수석 디자이너였고 다수의 혁신 프로젝트를 진행했던 촉망받는 인재였다. 더군다나 모바일 앱 디자인 분야에서 그는 업계에서 아주 유명한 셀럽이었다.

그가 캐피털 원에 입사한다고 했을 때에 그를 따라서 구글에서 많은 디지털 인력들이 오지는 않았다. 그러나, 그가 캐피털 원에 입사한다고 했을 때에 업계에서 주는 반향은 상당했다.

첫째는 캐피털 원이 얼마나 디지털을 중요하게 생각하고 의지가 있는지를 시장에 보여주는 사건이었다. 두 번째는 댄 마코스키와 일하고 싶어 하는 많은 우수한 디지털 인재들이 캐피털 원으로 입사를 고려하기 시작했다.

[2단계] 공격적 전문가 채용

캐피털 원은 1단계에 A) 외주 인력/계약직 인력의 내부 인력으로 전환, B) 디지털 셀럽을 통한 인재 확보, C) 헤드헌팅 에이전시

••••

9 구글 수석 디자이너, 캐피털 원 디자인 부사장, 현 영국 로이드 뱅킹 그룹 CDO(Chief Design Officer)

를 활용한 외부 인력 수혈 등으로 DT 수행 가능 인력을 주로 외부
에서 충원했다.

캐피털 원은 2단계에서 좀 더 미세하게 필요한 영역별 디지털 인
재 및 전문가를 충원하는 채용전략을 수정했다.

디지털 인재 Team recruiting 및 혁신 스타트업 인수

양적인 인력 충원 방식에서 좀 더 미세하게 필요한 영역별 디지
털 인재 및 전문가를 충원하기 위한 방법으로, 분야별 혁신 스타트
업을 인수하고, 디지털 팀으로 일하던 인력들을 흡수하기 시작한
다. 혁신 스타트업 인수는 2014년도 2차 디지털 혁신 여정 이후에
도 지속적으로 수행하고 지금까지도 진행하고 있는 방법이다. 상세
한 내용은 뒤에서 기술하도록 한다.

디지털 기업 출신 채용 전문가 영입

캐피털 원의 2단계 디지털 혁신에서 진행했던 주목할 만한 것의
하나는 디지털 기업 출신 디지털 HR 전문가를 영입해, 디지털 시
대에 맞는 인력 채용방식으로 변화를 추진한 부분이다.

과거 전통적으로 금융권에서 진행했던 외부 인재 영입은 공개 채
용이나 기업 홈페이지 혹은 외부 서치 펌을 활용해 채용공고를 내
고 시장에 유사한 경험을 가진 인력의 이력서를 받는 방식이었다.

그렇게 진행하다 보니, 인력 채용의 기준은 1) 과거 직전 경력이 지금 찾는 포지션과 연관성이 있는지, 2) 업무 연차는 어떻게 되는지, 3) 재무상담사 등과 같은 자격증은 보유하고 있는지, 4) 어느 대학을 졸업했는지, 대학원까지 졸업했는지, 전공은 필요한 직무와 연관성 있는 것인지 등에 달려있었다.

	전통적 인재 채용	디지털 인재 채용
채용 조건	일반적인 업무 역량 위주	포지션별 구체적이고 전문적인 기술 역량 보유
후보자 발굴	PUSH(채용공고) •공개채용, 잡사이트	PULL(선제적 발굴) •디지털 채널(Linked in 등)을 통한 적정 후보자 발굴
평가 기준	형식적 스크리닝 •회사 경력 및 업무 연차 •자격증, 학벌, 전공	전문성에 대한 다면적 검토 •단순 연차가 아닌 실제 보유 역량 수준 검증 •블로그 및 논문 검색 •과거 포트폴리오 검토
오퍼 패키지	단순한 오퍼 구조 •연차 기반 연봉, 보너스	복잡한 오퍼 구성 •연봉, 보너스, 스톡옵션 등

도표 10. 전통 기업 vs 디지털 기업 인력 채용방식

보상 및 급여 체계는 직전 연봉과 연차 등을 고려해 얼마를 더 추가할지, 연봉과 보너스 그리고 일부 별도 보너스를 지급하는 구조였다.

하지만 이미 구글, 아마존과 같은 디지털 기업들은 전통적 기업과는 선제적 인력 채용 방식으로 변환한 지 오래됐다. 디지털 기업들에서 디지털 인사 전문가를 활용해, 구체적인 채용 조건 및 직무기술서와 디지털 채널을 적극 활용하는 노력, 기술전문성에 대한 다면적 검토와 우수 디지털 인력의 장기근속을 유도하기 위한 복잡한 오퍼 구성으로 필요한 디지털 인재를 상시 채용하는 방식으로 전환했다.

- 채용조건 및 직무 기술서(Job Description) 명확화: 포지션별로 (가령 디자이너, 개발자 등) 기업에서 필요한 구체적이고 전문적인 기술역량을 보유하는 것을 기본적인 채용 조건으로 명시한다. 그리고 직무 기술서도 상세히 기재해 후보자들이 어떤 직무인지를 명확히 알 수 있도록 한다.
- 후보자 발굴: 공개 채용이나 구직사이트에 공고를 내어서 채용하는 방식보다 상시적으로 디지털 채널을 통해서 회사에서 필요한 인재 후보군을 상시적으로 관리하는 방식으로 진행한다.
- 평가기준: 후보자를 스크리닝할 경우, 단순이 이력서에 기술된 연차 대비 실제 보유 역량을 검토하기 위해 별도의 코팅실력을 검증하기 위한 Technical Test를 보는 경우도 있으며,

석사 학위 이상 소지자의 경우에 논문이나 개인이 운영하는 블로그 등을 적극 탐색해, 개인이 가지고 있는 기술 역량을 검토하기도 한다.

- 오퍼패키지: 디지털 기업들은 Total compensation이라는 말을 쓰는데, 이것은 별도 보너스[10]+기본 연봉[11]+성과급+주식[12]+퇴직급여 등을 모두 포함한 개념이다.

캐피털 원은 시장에서 유능한 디지털 인재를 확보하기 위해서 디지털 기업의 리크루팅 경험자를 기술 영역별로 배치해 디지털 인재를 채용하기 위한 인사체계 혁신을 도모했다. 페이스북, 아마존, 마이크로소프트 등의 기업에서 머신 러닝(Machine Learning), 모바일

••••

10 별도 보너스는 특정 직급 이상의 경력직 직원의 경우에 해당하며, 디지털 기업들의 최근 경쟁사 이직이 심화되고 있어서 장기근속을 유인하기 위한 package다. 가령 2년 이내에 경쟁사로 이직이나 퇴직 시에 받았던 별도 보너스를 기업에게 다시 반납해야 하는 구조다.

11 연봉은 기본급(base salary)과 성과급(Variable salary)을 구분하고, 성과급을 받을 수 있는 기준에 대한 명확한 기준을 적시한다.

12 디지털 기업들은 주식에 대한 부분을 제공함으로써 직원들의 장기근속에 대한 동기부여 및 회사 성장을 개인 자산의 성장과 동일시하도록 유도한다. 주식은 우수성과자의 경우에 우수성과자를 독려하기 위해 장기간 근속 이후에 분할해서 특정 시장가에 주식권리를 행사할 수 있는 주식 부여 프로그램(Restricted Stock Unit) 혹은 주식매입선택권(Stock Option) 및 임직원의 경우에 특별히 시장가보다 조금 할인된 주식가격으로 구매할 수 있는 자사주 구매할인 프로그램(Employee Stock Purchase Program) 등으로 구성된다.

개발자 등의 상세 분야별 디지털 인력 채용 전문가를 충원했다.

[3단계] 지속가능을 지원하는 인재확보 전략

캐피털 원은 2011년에서 2014년에 1차 디지털 혁신 과정 이후, 지속적인 디지털 혁신을 수행하기 위해서는 외부인재 수혈을 통한 양적 디지털 인재확충에는 한계가 있다고 판단을 했다. 2014년도에 2차 디지털 혁신을 진행하면서, 캐피털 원의 2차 디지털 혁신을 수행하는 데 필요한 내부 디지털 인재를 교육하고 양성하기 위한 경험 있는 디지털 인재의 외부 수혈이 됐다는 판단하에 캐피털 원 디지털 아카데미를 개설해 대학교/대학원 졸업 대상자를 대상으로 집중 디지털 교육 프로그램을 시작했다. 그리고, 2차 "End to End" 전사 디지털 혁신에서 중점 과제인 빅 데이터 기반 통합 DB 구축 및 분석 환경 구축, 백엔드(Backend) 인프라 합리화 추진 및 퍼블릭 클라우드 도입을 위한 디지털 전문가 확충을 위해 신기술 전문가 채용 및 AI/데이터 분석가 확보를 위한 노력을 병행했다. 이러한 2차 디지털 혁신을 수행하기 위한 필수 디지털 신기술 전문가 확보를 위해서 2014년 이전부터 진행했던 스타트업 인수를 통한 외부 인재확보(Acqui-Hire)[13] 방식을 지속적으로 진행했다.

신입사원 대상 집중 디지털 교육프로그램 운영

2014년도부터 캐피털 원은 대학교/대학원 졸업생들을 대상으로 캐피털 원에서 필요한 맞춤형 디지털 인재를 육성하기 위한 집중 디지털 교육프로그램을 운영했다. 이것은 대학교/대학원 졸업자를 대상으로 소프트웨어 엔지니어, 데이터분석가, UX/UI 디자이너 및 서비스 기획자, 애자일 방식 프로젝트 리더의 4가지 직군을 재교육시키는 2년간의 디지털 교육프로그램이다. 매년 400여 명의 교육생을 선발하고 있다. 이 프로그램의 특징은 3가지다. 1) 2년의 교육기간 동안 급여를 제공하는 유급 교육 프로그램이고 2) 교육의 이수 과정 중에 역량 및 성취도 평가를 통해서 캐피털 원의 디지털 인재 채용기준을 통과해야 하며, 3) 반드시 캐피털 원에 입사를 해야 하는 의무(Obligation)가 없다는 것이다. 교육대상자들에게는 연간 8만 달러의 급여도 지급한다.

400명의 직군별 희망 교육대상자는 1) 2년간 실제 캐피털 원의

••••

13 대기업이 인재 확보를 위해서 작은 스타트업 회사를 인수하는 것으로 실리콘 밸리에서 새로운 채용방식으로 자리 잡고 있음.

디지털 프로젝트에 투입돼 캐피털 원의 디지털 전문가와 같이 프로젝트를 수행하는 On-the-job training과 2) 담당 멘토(mentor)를 지정해 정기적인 1:1 코칭, 3) 캐피털 원이 자체 개발한 온라인/오프라인 디지털 교육 프로그램을 통해 캐피털 원의 맞춤형 디지털 인재로 성장하게 된다. 교육과정 동안에는 정기적인 역량평가 및 성취도 평가를 통해 최종 2년 교육과정 이수 이후에 정규직 여부를 판단하게 된다. 통상 교육대상자의 90%가 프로그램을 통과한다.

신기술 전문가 채용 및 스타트업 인수

1차 디지털 혁신 때부터 진행해왔던 혁신 스타트업 인수를 통해 Acqui-Hire 방식으로 필요한 디지털 인재를 확보하는 방식은 지금까지도 지속되고 있다. 2014년도 이후에 Acqui-Hire 방식으로 인수한 스타트업의 일부 리스트 및 인수 목적은 하기와 같다.

2014년 - 2011년도에 설립한 POS-integrated SaaS(Software as a Service) 플랫폼 스타트업인 푸시포인트(Pushpoint)를 인수했다. 10명 정도의 적은 인력을 가진 스타트업을 디지털 프로모션 기술 확보를 위한 목적으로 팀 단위로 인수했다.

2015년 - 당시 7만 유저와 120억 건의 거래량을 가지고 2012년에 설립한 management app 관련 스타트업인 레벨 머니(Level Money)를 인수했다.

2016년 - 2014년도 설립한 사이버 보만 전문 스타트업인 크리티컬 스태크(Critical Stack)를 인수했다. 2014년도 이후 진행된 클라우드 전환을 진행하면서 클라우드 보안의 중요성을 파악하고 이에 대한 역량을 빠르게 갖추기 위한 목적으로 인수했다.

2018년 - 2013년에 설립한 디지털 인증과 도용 방지 관련 스타트업인 Confyrm을 인수했다. 목적은 고객 인증 기술 구현을 빠르게 구현하기 위해서였다. 고객인증 기술에서 우수한 기술을 가지고 있던 Confyrm의 기술을 캐피털 원에 바로 이식시키기 위한 목적이었다.

2018년 - 지금은 "Capital One Shopping"으로 앱스토어에 등록이 됐지만, 전에는 "Wikybuy"라는 2012년 설립한 최저가 가격비교 온라인 고객 쇼핑 경험 제공 서비스를 인수했다.

[1~3 단계 공통] 디지털 전문기업 브랜딩 강화

2011년도부터 지금까지 3단계에 걸쳐서 진행 중인 디지털 트랜스포메이션 과정 중에 캐피털 원이 지속적으로 노력해왔고, 지금도 노력 중인 것은 디지털 전문기업 브랜딩 강화다.

2011년도부터 캐피털 원이 외부의 뛰어난 디지털 인재를 확보하기 위해서 얻었던 중요한 교훈은 디지털 인재는 자신의 커리어에 도움이 될 수 있고, 자기 이력서를 빛나게 해줄 수 있는 기업이 직장 선택에 대한 중요한 기준 중의 하나라는 것이었다. 캐피털 원은 더 좋은, 더 훌륭한 디지털 인재를 외부에서 확보하고, 내부 육성한 디지털 인재들이 다른 디지털 전문 기업과 견줘서 뒤지지 않고 캐피털 원에서도 좋은 커리어를 가지고 갈 수 있는 믿음과 신뢰를 전달하기 위한 목적에서 다양한 기업 브랜딩 노력을 진행했다.

캐피털 원은 외부 개발자 컨퍼런스에 스폰서 기업으로 혹은 캐피털 원 개발자가 개발자 컨퍼런스에서 참석하는 것으로 적극 참여했다. 개발자 컨퍼런스에 참여함으로써 캐피털 원이 어떤 새로운 디지털 기술을 활용해 내부 디지털 혁신을 하는지를 외부 개발자 컨퍼런스, 전문가 커뮤니티 등에 공유했다. 디지털 인재들이 캐피털 원에서 자신의 커리어에 도움이 될 수 있는 여러 프로젝트를 수행할 수 있음을 공유함으로써 전통 금융기업의 이미지에서 디지털 전문기업과 견줄 만한 디지털 파이낸스 기업으로서의 이미지로 쇄신하는 노력을 2012년도부터 진행했고 지금도 그 작업은 진행 중이다.

디지털 오피스 개소 및 사무공간 혁신

최근 코로나19가 확산되면서 Remote Work 및 재택 근무에 대한 니즈가 화두가 되고 있다.

지금까지 사무직군에 종사하는 직장인들은 회사에 9시에 정시에 출근해서 저녁 6시까지 내 책상과 내 책상 위에 있는 PC와 모니터 앞에서 업무를 처리하는 게 당연한 일이었다. 그러기에 직원 수만큼의 책상과 사무장비 지원이 당연했다. 다른 부서와 협업과 협의가 필요한 경우가 있기에 회의실이라는 것도 중요한 사무공간의 요소 중의 하나였고, 대면으로 해야 하는 회의가 꼭 필요한 경우에는 출장 같은 물리적인 사람의 이동을 통해서 협업을 진행해왔다.

스마트폰의 보급과 통신 네트워크 기술의 발전에 따라서, 조금

씩 전화 등을 통한 컨퍼런스 콜, 화상회의 등이 확산되긴 했었지만, 이러한 것은 글로벌 회사 혹은 국내 회사 중에서도 출장이 불가피한 경우에 플랜 B로 활용됐지 주요 협업의 도구로 활용되지는 못한 것이 사실이었다. 하지만 코로나19 이후에 상황은 바뀌었고, 그전보다 디지털 시대의 일터에 대한 정의가 새롭게 필요한 시점이 됐다.

마이크로소프트에서는 사람(People)과 장소(Place) 그리고 기술(Technology)에서 이루고자 하는 여러 목표를 고려해 새롭게 디지털 시대의 일터가 정의돼야 한다고 생각했다.

사람 (People)

디지털 제품/서비스가 출시될 수 있도록 직원들의 생산성 극대화를 지원해야 함.

협업을 증진시키기 위한 협업 도구, IT 기기 지원 등이 필수적임.

멀티태스킹이 가능하며, 다른 사람과 유연한 협업이 가능한 인재로 채용 및 전환 육성이 필요함.

장소 (Place)

주어진 시간 활용을 극대화하기 위해서 회의 참석 등을 위해서 오고 가는 이동시간 낭비를 최소화해야 함.

이동 중에 업무를 지원하고 재택 등의 업무 지원이 활성화되면 개별 공간의 비중보다 협업 등을 지원하기 위한 공동 사무공간의 활용이 높아지므로 공간 운영 효율성이 최적화된 환경으로 전환이 필수적임.

기술 (Technology)

클라우드와 모바일을 적극 활용해 온라인/모바일상에서도 공동 작업 및 협업진행을 필수적으로 지원해야 함.

급격한 업무 지원 기술의 도입 및 IT 운영비용 증가 등을 종합적으로 고려한 IT 비용은 최적화할 필요가 있음.

사람(People)	장소(Place)	기술(Technology)
Goals •생산성 극대화 •협업 증진 •우수 인력 영입, 보유	Goals •이동시간 낭비 최소화 •공간 운영 효율 최적화	Goals •클라우드와 모바일 •기술이 변화 가속화 •IT 운영 부담 최소화

도표 11. 마이크로소프트에서 정의한 디지털 시대 일터의 목표

캐피털 원에서 디지털 트랜스포메이션을 진행하면서 했던 중요 혁신 중의 하나는 디지털 오피스 개소 및 사무공간 혁신이다. 디지털 전문 기업으로부터 충원된 디지털 인력들의 경우 상대적으로

전체 캐피털 원의 임직원 내에서는 여전히 소수였고, 많은 디지털 과제를 공통으로 지원해야 하는 부담감이 있었다. 뿐만 아니라 구글 오피스와는 다른 사무환경으로 인해 디지털 인력들의 불만의 목소리가 높아졌던 것도 있었다.

게다가 2014년도부터 End to End 고객 경험 기반 과제를 진행하고 퍼블릭 클라우드를 도입하면서 Agile way of working(Agile 업무 방식) 도입을 진행하면서 사무공간 혁신의 필요성 및 디자인 오피스 설립의 필요성이 증대됐다.

디자인 오피스(Capital One Digital)

2014년부터 미국 샌프란시스코 베이 에어리어(Bay Area)를 포함, 8개 디자인 오피스를 설립해 운영 중이다.

디자인 오피스는 Capital One Digital이라는 조직에서 운영하는 디자인 오피스로, 새로운 디자인과 디지털 기술을 활용해 고객들이 보다 나은 금융에 대한 경험을 가지게 하자는 모토로 설립이 됐다. Capital One Digital의 인력구성은 Design, Product Manager, Development(개발자), Data Science(데이터분석가)로 구성이 돼있으며, 팀을 구성해 고객이 가진 불만을 해결하고 좀더 쉽고 직관적인 금융 서비스 및 상품을 만드는 것에 힘쓰고 있다.

사무공간 혁신 및 모빌리티 환경 구축

2014년도부터 캐피털 원은 공간 전문 컨설턴트를 활용해 사무공간을 좀 더 협업이 가능한 유기적인 공간구성으로 변환해 공간혁신을 진행했다.

업무 공간은 업무 공간(Work Area)과 공동 활동 공간(Community Area)으로 나눠 구성하고, 업무 공간은 팀 내 혹은 팀 간의 협업을 장려하기 위해, 기본적으로 파티션을 없애고, 모든 사람들이 개인 자리가 아니라 필요에 따라서 앉아서 업무를 볼 수 있는 Open Space Office 개념을 도입했다. 하지만 화상회의나 콘퍼런스 등을 위해 집중 업무를 할 수 있는 Focus Room 같은 집중형 개인 업무시설도 구비해, 선택에 따라서 개인 업무에 집중할 수 있게 했다. 또한 협업을 위해서 회의 공간(Meeting Room)도 여유 있게 구비해 개인 공간은 줄이고 회의 및 업무 집중 공간을 늘리는 것으로 업무 공간 비중을 재조정했다.

공동 활동 공간의 특징 중 눈에 띄는 점은 각 층의 Connection Reception 중앙에 Communal Cafe를 만들어서 당구대, 게임기 등도 배치해 이를 중심으로 이동 중에 모여서 자연스럽게 업무 이야기로 연결할 수 있도록 하는 기회를 제공하게 했다는 점이다.

인테리어도 "Cyber Space"라는 콘셉트를 도입해, 오피스 천장을 뚫어 개방감을 확보하고 환기구 등이 보이게 함으로써 층고를 높게 보이는 효과를 만들고, 통유리를 써서 개방감을 확보하는 방식으로 오피스가 넓어 보이는 효과를 극대화했다. 비즈니스 라운지에는 소파 등을 둬서 직원들 간에 즉각적인 티(Tea) 미팅이 가능하도록 하게 했다.

이러한 사무공간의 혁신에서 모든 것을 가능케 하기 위한 모빌리티(Mobility) 기술 환경을 구축했다. 내가 있는 곳이 곧 사무실이라는 개념으로 외부에서도 사내와 동일하게 일할 수 있는 업무 환경을 구축했고, 미팅이 바로 필요한데 미팅 참석자가 외부에 있을 경우에 외부에서 바로 협업해서 미팅에 참석할 수 있는 환경을 구축했다. 또한 이러한 즉각적인 미팅 중에서도 언제든지 필요한 자료 및 업무를 논의할 수 있도록 노트북, 무선인터넷, 협업미팅 도구 등을 제공했다.

이러한 사무 공간의 혁신과 모빌리티 환경 구축은 인프라고, 결국 이 인프라를 어떻게 잘 활용할지는 사람과 업무 활동의 실질적인 변화에 달렸다. 이러한 업무 활동 변화와 관련한 부분은 애자일 팀으로 일하는 협업문화 개선과 관련한 것이므로 다음에 다루도록 한다.

디지털 혁신기술 적극 홍보

디캐피털 원은 외부 영입한 디지털 인재들이 캐피털 원에서 쌓은 경험 및 축적된 디지털 혁신 기술을 홍보하기 위한 활동 및 개방형 개발 생태계 구축에도 적극적인 투자를 했다. 개방형 개발자 생태계 구축 및 홍보 활동을 통해 만나게 되는 디지털 인재들이 또 다른 잠재 채용 후보자가 되기 때문이다. 대표적으로 개방형 개발 생태계 구축을 위해서 외부 개발자들에게 Open API를 제공하는 Capital One Dev Exchange[14]를 운영하고 있다.

Capital One Tech

캐피털 원 내의 기술전문가들이 자체적으로 진행한 오픈소스 및 클라우드 인프라 기반 프로젝트 수행 사례 및 경험을 SNS, 블로그

••••

14 캐피털 원에서 외부개발자에게 Open API를 제공하는 개방형 개발자 플랫폼이다. 2016년에 캐피털 원 자체 내부 서비스의 경쟁력 강화 및 외부 생태계 강화를 위해서 "Powerful APIs that go beyond Banking"을 모토로 캐피털 원 내부 개발자들이 쓰는 Tool 및 데이터를 API 형태로 제공하는 것으로 시작했다. 현재도 캐피털 원은 Capital One Dev Exchange 사이트를 운영 중이며 활발히 외부 개발자들과 소통해 Open Innovation을 진행하고 있다.

등을 통해서 공유한다. 뿐만 아니라 실제 캐피털 원에서 개발한 프로젝트 결과물의 소스코드를 깃허브(GitHub)에 등록해 기술력을 뽐내고 있다.

기술기업으로 기업 브랜드 이미지 쇄신

2020년, 구글에 캐피털 원을 검색하면 하기와 같은 관련 질문을 찾아볼 수 있었다.

"캐피털 원은 테크(Tech) 회사인가요?"

디지털 전문 기업 브랜딩 및 디지털 전환 노력으로 드디어 캐피털 원은 전통적이고 보수적인 은행 이미지를 탈피했다. 캐피털 원에 재직 중인 직원들이 디지털 혁신에 힘을 쓰는 회사고, 혁신에 대한 자유도가 있는 회사로 캐피털 원의 강점을 이야기하고 있다. 2011년 디지털 혁신(Digital Transformation)과 동시에 진행한 디지털 인력/업무 방식 혁신(Digital Talent Transformation)의 결실로, 캐피털 원은 글래스도어(Glassdoor)가 선정한 2018년 일하기 좋은 기업 69위, 〈포춘(Fortune)〉 선정 Top 100에 2017년부터 2019년까지 3년 연속으로 선정됐다.

최근 들어 애플이나 구글, 네이버, 카카오 등 테크 자이언츠(Tech Giants)들이 금융 쪽으로 그 영역을 확대하고 있다. 캐피털 원은 금융을 알고 디지털을 아는 디지털 금융전문가를 배출하는 사관학교로서 역할을 하고 있다.

디지털 인력/업무 방식 혁신 결과 요약

2011년도에 시작돼 지금까지 진행되고 있는 캐피털 원의 디지털 트랜스포메이션의 단계별 발전 경로를 살펴보고, 단계별로 어떻게 차별화된 디지털 인력 소싱 전략을 수행해왔는지 상세히 알아봤다.

2011년부터 지금까지 진행된 3단계별 캐피털 원 내부 디지털 인력의 비중을 살펴보면, 디지털 과제 추진에 따라 디지털 인력 비중이 달라져왔음을 살펴보게 된다. 2011년도에 1단계 디지털 트랜스포메이션(디지털 혁신) 수행 시에는 신규 디지털 채널 및 디지털 상품에 대한 개발을 통한 시장 선점을 위한 노력이 중요했으므로 채널/프론트엔드 앱 개발자, 서버 등 백엔드 개발자, 데이터분석가, UX/UI 디자이너 등 전방위적인 디지털 인력의 양적 확보가 중요했다. 2011년 1단계 디지털 트랜스포메이션 시작 당시 IBM의 아웃소싱으로 인해, 캐피털 원의 디지털/IT 인력은 60% 정도가 디지털/IT 관리자 중심 인력이었고, 실질적인 개발, 서비스 기획, 디자인 등의 인력은 현저히 부족했다. 2011년도 1단계 디지털 트랜스포메이션 과정을 진행하면서, 앞서 이야기한 디지털 인재의 양적 확보를 통해서 2014년 2단계 디지털 트랜스포메이션 단계 시점에서는 2011년도 초기 60% 차지하던 개발관리 인력이 채널/프론트엔드 앱 개발자, 서버 등 백엔드 개발자, 데이터분석가, UX/UI 디자이너 등 전방위적인 디지털 인력의 증가로 인해 전체 디지털/IT 인력의 13%로 현저하게 줄어들었다.

2014년도 2단계 디지털 트랜스포메이션 단계는 전사 관점의 디지털화가 본격화된 시점이었다. 이 당시 중요한 디지털 과제는 1) 고객 경험 재설계, 2) 퍼블릭 클라우드 도입 3) 캐피털 원 내부 빅데이터 기반 통합 DB구축 및 분석환경 구축이었다.

AWS(Amazon Web Service) 퍼블릭 클라우드 도입은 캐피털 원 자체 데이터센터를 필요로 하지 않은 것이었기에 자체 서버 관리를 위한 백엔드 개발인력을 줄일 수 있는 동인이 됐다. 고객 경험 재설계 및 빅 데이터 환경 구축은 프론트엔드 개발인력, UX/UI 디자이너, 데이터 분석가의 확충이 필요함을 의미했다.

2018년도 2단계 디지털 트랜스포메이션이 마무리되는 시점의 캐피털 원의 인력구성을 보면 백엔드 개발자 인력 비율은 2014년 시작 당시 27%에서 21%로 줄어들었다. 그 대신에 앱/프론트엔드 개발자는 40%(2014)에서 47%(2018), UX/UI 디자이너 비율은 4%(2014)에서 5%(2018)로 증가했다.

2018년부터 시작된 캐피털 원 3단계 디지털 트랜스포메이션의 큰 화두는 1) AI/Analytics 기반 디지털 서비스 고도화 2) 클라우드 전환 가속화다. 2018년도에 시작한 3단계 디지털 트랜스포메이션 종료가 예상되는 시점은 2022년이다. 2022년에 캐피털 원의 디지털 인력 비중은 AI/Analtyics 기반의 디지털 과제의 증가로 데이터 분석가 인력 확충 및 클라우드 전환 가속화로 인한 백엔드 개발 인력의 감소가 예상된다.

Part 2

디지털 기업의
조직 특성 및
전통 기업

디지털 기업 조직 특성

아마존, 애플, 구글, 네이버, 카카오 등 디지털 기업들이 기존 산업을 송두리째 변화시키고 있음을 서두에서 이야기를 했다. 디지털 기업들이 단순히 디지털 기술력의 우위 때문에, 혹은 이미 확보하고 있는 엄청난 고객 데이터 때문에 전통 기업들에게 위협이 되는 것일까? 전통 기업과 디지털 기업에서 모두 컨설팅 경험을 해본 필자가 보기에는 전통 기업이 디지털 기업과 똑같은 우수한 디지털 인재를 가지고 있고, 디지털 기업과 동일한 고객 데이터를 확보하고 있다고 하더라도 디지털 기업을 이기기는 쉽지 않다. 전통 기업이 디지털 기업을 이기기 어려운 가장 큰 이유는 속도와 일하는 방식에서 확연한 차이가 있기 때문이다. 전통 산업을 위협하고 있는 디지털 기업들은 전통 기업과 어떻게 속도와 일하는 방식의 차이가 있을까? 이를 알기 위해서는, 디지털 기업들의 조직 특성을 이해해야 한다. 디지털 조직은 다음과 같이 전통 조직과는 다른 조직 특징을 가진다.

End to End 고객향 조직

디지털 기업들은 공통적으로 고객에게 제공하는 서비스, 상품을 중심으로 기획-디자이너-개발자-서비스 운영 담당자 등이 하나의 완결형 조직을 구성하고 있다. 가령 네이버웹툰, 네이버쇼핑, 네이버페이 등의 여러 서비스들은 각기 다른 고객향 조직에서 독자적인 기획자-UX/UI 디자이너-개발자-서비스 운영자 등이 신규서비스 기획, UX/UI 개선, 신규서비스 개발 및 기존 서비스 개선 등을 독자적인 인력을 가지고 수행한다. 일반 기업들이 새로운 디지털 서비스를 론칭할 경우에 서비스 기획 TF를 구성해서 별도로 인력을 차출하거나 안 되면 외부 아웃소싱 업체를 활용해서 서비스를 만든 다음, 서비스 운영부서가 다른 사람이 만든 서비스를 이관받아서 운영하는 "Waterfall" 방식과는 확연히 다르다.

"Small start"로 선개발 후조직화

일본 야후와 합병을 공식 발표한 네이버의 자회사인 라인(LINE)은 현재 2020년 4월 30일 기준 2,700명의 직원을 가진 회사로 성장했다. 하지만, 2011년 6월 23일 처음 라인이 서비스를 시작했을 당시 라인 서비스는 7명의 기획자, 개발자, 디자이너들이 만든 TF 조직에서 시작했지만, 지금은 2,700여 명의 인력들이 LINE 택시, LINE 헬스케어, LINE Pay 등의 다양한 서비스를 운영하는 일본 No.1 모바일 서비스 플랫폼 회사로 성장했다. 굳이 라인의 경우를 보지 않더라도, 디지털 기업들이 초기부터 신규 디지털 서비스를 시작할 때에는, 작은 규모의 인력으로 진행하며 트래픽과 고객의 반응을 매일 챙겨 보다가, 서비스가 폭발적으로 성장하는 추세를 보일 때에 인력과 자금을 집중했다.

그 결과 서비스를 100만 MAU(Monthly Active User) 서비스에서 1,000만 MAU 서비스로 성장시킨다. 될성부른 떡잎을 유심히 보다가, 이때다 하는 시점에 조직과 자금을 투여해 폭발적인 성장을 시킨다. 고객을 모으는 데 성공하고 빈번한 트래픽을 발생하는 데 성공한 서비스는 다른 기능과 연계해, 한번 그 서비스에 익숙해지면, 벗어나기 어려운 서비스 플랫폼으로 진화하게 된다. 코로나 19시대에서 QR 코드 인증부터, 선물하기, 현금이체 및 결제 등의 다양한 기능을 수행하는 수퍼앱[15]으로 성장한 카카오톡도, 2010년 3월 18일 맨 처음 서비스를 시작했을 당시에는 그룹 채팅을 공짜로 쓸 수 있었던 매신저 앱에 불과했다.

••••

15 e커머스, 예약, 배달, 결제 등 대부분의 콘텐츠와 비즈니스를 하나로 처리하는 하나의 앱 (Application).

자율적 업무 수행을 위한 수평적 조직

2016년 삼성전자는 시대의 흐름에 맞지 않는 사고방식, 관행을 과감히 떨쳐내고 글로벌 기업에 맞는 의식과 일하는 문화를 혁신하는 "스타트업 삼성 컬쳐혁신"을 선언했다. "스타트업 삼성 컬쳐혁신"의 배경은 조직 문화 혁신을 시작해 스타트업 기업처럼 빠르게 실행하고 열린 소통의 문화를 지향하면서 지속적으로 혁신하자는 것이었다. 이를 뒷받침하기 위한 주요 세부 내용은 1) 직급 단순화, 2) 수평적 호칭, 3) 선발형 승격, 4) 성과형 보상이었고, 이는 모두 이미 디지털 기업들이 시행하고 있던 부분이었다.

카카오가 김범수 의장을 "브라이언"이라는 영어 이름으로 호칭한다든가, 쿠팡에서 "닉네임+님"으로 부르는 것은 너무 잘 알려져 있는 사실이다.

삼성전자의 "스타트업 삼성 컬쳐혁신" 선언 이후 많은 전통 기업들이 최근 자율적 업무 수행을 위하여 상무님, 부장님 등의 직급을 부르는 게 아니라 '님' 자로 통일해 호칭한다든가, 카카오처럼 영어 이름을 부른다거나, 본부장, 팀장 등과 같은 직책으로 호칭하는 것으로 하나둘씩 수평적 호칭 부르기는 마치 유행처럼 번져나가고 있다.

필자가 일하고 있는 한국마이크로소프트의 경우도 각각의 부서와 직책을 넘어 하나의 목표에 집중하기 위한 커뮤니케이션 사고 확장의 일환으로 "님"으로 호칭을 통일했다.

대부분의 전통적인 한국기업의 경우, 회사들마다 약간의 차이는 있지만, 사원-대리-과장-차장-부장-이사-상무-전무-부사장-사장 등과 같은 직급이 아직도 존재한다. 전통 기업에서 이러한 수직적인 직급체계는 과거 전통 기업의 고도 성장기에 리더십의 전략에 따라 의사소통을 빠르게 하고 지시에 따라 일사분란하게 움직이고 조직의 공동의 성과를 창출하는 데서는 분명히 효과가 있었다. 하지만, 이러한 수직적 직급체계는 상위직급과 다른 생각과 의견이 있을 경우에 의사소통이 어렵고, 밑에서 좋은 의견이나 아이디어가 있어도 수평적인 소통과 의견 개진이 어려운 단점이 있었다. 이러한 수평적 호칭과 직급 단순화, 서열보다는 능력을 통한 승격을 통해서 디지털 기업들의 리더들은 직급이나 나이가 아닌 역량에 따라서 자신들의 역할을 부여받을 수 있었다. 이러한 역량 있는 리더들이 디지털 기업의 힘이 됐고, 새로운 디지털 사업의 성장을 이끌어왔다.

고객의 경험이 최우선적으로 중시되는 평가체계/의사결정

가장 첫 번째로 필자가 언급한 디지털 기업의 특징은 End to End 고객향 조직이다. 다만, 전통 기업이 디지털 기업과 유사하게 End to End 고객향 조직으로 조직구조를 갖추더라도, "고객 경험이 최우선적으로 중시하는 문화"가 내재화돼있지 않으면 그 결과는 실패하기 십상이다. 디지털 기업들이 얼마나 고객 경험을 중시하는지에 대해 필자가 경험한 두 가지 일화를 소개한다.

사례 #1 | 고객반응을 확인하기 위한 필수 잇템, 네이버 N-click

2012년도에 네이버 모바일 개발 아웃소싱 프로젝트를 진행했을 때다. 그 당시 중요한 요청사항 중에 하나가 N-click이라는 소스 코드 모듈을 넣어달라는 것이었는데 이것을 넣으면 네이버와 약속한 개발 일정이 지켜지지 못하는 선택의 기로에 있었다. N-click이라는 것은 신규 서비스를 개시한 이후에 고객이 요일별, 시간대별로 몇 명의 고객이 들어오는지를 뽑아낼 뿐만 아니라, 어떠한 단계에서 고객이 다음 액션을 취하지 않고 나갔는지 추적할 수 있는 소스코드 모듈이었다. 가령 회원가입을 하다가 어느 단계에서 수차례 시도를 하다가 포기하고 나갔는지 등을 N-click을 통해서 확인을 할 수 있었다. 네이버 서비스 리더와 여러 차례 미팅을 했으나, 약속된 개발일정을 준수하지 못하더라도, 이것은 꼭 들어가야 한다는 게 서비스 리더의 강력한 요청이었고, 아직도 필자는 그 당시 서비스 리더의 말을 기억하고 있다.

"반드시 이게 들어가야지 고객의 경험이 저희가 원래 기획했던 의도대로 따라가고 있는지 파악을 할 수가 있고, 개선 방향 수립의 소중한 단초가 됩니다. 한번 고객이 무엇을 불편해하는지 알지 못하고 그대로 방치하다 보면, 그래서 선택받지 않은 서비스가 되면 고객의 맘을 돌리기에는 너무 많은 노력이 들어갑니다. 그냥 출시 시점을 연기하더라도 넣도록 하시죠."

사례 #2 ┃ 카카오뱅크 출시 연기 비화

최근 카카오뱅크가 2021년 증시상장의 기대주로 언론에 많이 회자되고 있다. 그간 카카오뱅크가 거둔 성과는 매우 괄목할 만하다. 2017년 7월 최초 서비스 출시 이후에, 1,326만 명 고객 확보, 총자산 25조 원 규모를 가진 국내 최대 인터넷 전문 은행으로 성장했다.

장외시장에서는 몸값을 10조 원 이상으로 평가받고 있다. 실제 상장 시에도 이렇게 평가를 받는다고 하면, 국내 4대 금융지주 가운데 우리금융의 시가총액은 이미 뛰어넘은 것이고, 하나금융지주와 견줄 만한 수준으로 예측되며, 상장 이후에 더 오른다고 하면 신한금융과 KB금융 시가총액도 넘볼 수 있는 수준이다. 더 놀라운 사실은 2021년 7월 상장을 한다고 가정 시에 서비스 출시 후 만 4년 만에 거둔 성과라는 것이다.

카카오뱅크를 이야기할 때에 빠질 수 없는 수식어가 있다. 케이뱅크에 이은 "제2호 인터넷 전문 은행"이라는 것이다.

정부에서 2015년 말, 인터넷 전문 은행 예비인가를 케이뱅크와 카카오뱅크 2군데에 내줬고, 양쪽 모두 2016년 말 최종 인가를 획득했다. 2017년 4월 케이뱅크가 서비스를 출시하면서 "국내 1호 인터넷 전문 은행"이라는 타이틀을 가지고 갔다. 다만 현 시점에 케이뱅크와 카카오뱅크의 성적표를 비교해보면 확연한 차이를 보이고 있다.

2017년 4월 출범 이후 케이뱅크는 줄곧 적자를 내고 있으며, 그 적자 폭은 커지고 있다. 2019년에는 자본확충이 되지 않아 대출

상품 판매 중단의 개점휴업 상태였다가 2020년 인터넷은행법의 국회 통과 이후에 우리은행이 유상증자 참여를 확정하면서 다시 재기의 발판을 모색하고 있는 시점이다.

반면, 케이뱅크보다 4달 후에 문을 연 카카오뱅크의 상황은 매우 다르다. 2017년도 서비스 개시 시점만 하더라도, 2020년은 돼야 흑자를 낼 수 있을 것이라는 예상과는 달리 2019년 1분기에 65억 6천만 원의 당기순이익을 기록하고, 2020년 1분기부터 2020년 3분기까지 누적 859억 원의 순이익을 달성했다.

필자가 카카오뱅크 출범 TF에 참여했던 인사와 인터뷰를 했을 때, 사실 "국내 1호 인터넷 전문 은행"의 타이틀을 거머쥘 수 있었다고 들었다. 카카오뱅크가 초기에 이야기했던 "같지만 다른 은행"이라는 극강의 고객 경험을 제공하기 위한 핵심 서비스가 미진하다고 판단했기에 2차례 서비스 오픈을 연기했다.

즉, 카카오뱅크가 맘만 먹었다면 2017년 4월 이전에 최초 서비스 출시가 가능했다는 이야기다. 두 차례 서비스 오픈 연기와 관련해서 카카오뱅크 출범 TF에서, 카카오에서 파견됐던 TF 멤버와 한국투자증권에서 파견됐던 TF 멤버 간 서비스 오픈 연기를 가지고 엄청난 격론이 있었으나 결국 카카오 파견 TF 멤버들의 의견으로 중론이 모아졌다.

카카오뱅크는 "국내 1호 인터넷 전문 은행"이라는 타이틀은 놓쳤지만, "국내 최대 인터넷 전문 은행"이 됐다. 그리고 "모바일 Only", "평균 7분 만에 쉬운 계좌개설", "공인인증서-보안카드 없는 계좌이체", "카카오톡을 활용한 쉬운 사용법" 그리고 "카카오프렌즈" 캐릭터 등을 활용한 체크카드 등은 카카오뱅크가 이야기한 "같지만 다른 은행"이라는 모토대로 고객에게 극강의 고객 경험을 제공했고 그 결과는 대성공이다.

카카오에서 경험했던 고객 경험이 최우선적으로 중시되는 문화가 없었다면 지금의 카카오뱅크의 차별화된 "다른 서비스"가 나올 수 있었을지 의문이다.

디지털 기업들의
업무 문화와 방식 차이

자율적인 업무 추진, 유연한 협업을 위한 사고방식과 업무 스타일 탑재는 디지털 기업의 업무 특징이며, 이는 전통적인 기업들이 가지고 있는 수직적이고 보수적인 업무 문화와 여러 차이를 가지게 된다. 다음 사례는 국내 유수 은행과 카카오뱅크가 동일한 사업기획을 가지고 추진했을 경우에 얼마나 추진 속도에 대한 차이가 발생했는지를 잘 설명해준다.

카카오뱅크에서 2018년 출시한 금융상품 중의 하나가 비대면 전월세 대출 상품이었다. 2018년 1월부터 아파트만 대상으로 비대면 전월세 대출 상품을 진행하다가 2018년 3월부터 상시 판매로 전환했다. 하지만 100% 비대면 전월세 대출 상품출시에 대한 기획은 국내 리딩 은행에서 먼저 기획을 했다. 비대면 신청 후 지점 방문해서 대출을 확정하는 하이브리드형 상품은 2016년도 11월로 카카오뱅크보다 빠르게 진행됐다. 다만, 카카오뱅크와 유사한 100% 비대면 전월세 대출상품의 실제 시장 출시는 2019년 3월로 카카오뱅크보다 1년여 정도 뒤쳐지게 됐다. 왜 속도의 차이가 발생한 것일까?

워터폴 방식 vs 애자일 방식

카카오뱅크가 디지털 기업들에서 진행하는 애자일(Agile) 기반 업무에서 금융상품을 개발해 출시를 진행했던 반면, 국내 리딩은행에서는 워터폴(Waterfall) 철학하에 출시부터 완벽한 금융상품을 출시하려고 노력을 했다. 앞서 이야기한 대로 카카오는 비대면 전월세 대출 상품 출시를 위한 기획자, 디자이너, 개발자 등이 모두 모여서 데일리 스크럼(Daily scrum)[16] 활동을 통해서 극강의 고객 경험을 제공하기 위한 노력을 경주했고, 2018년 1월에 파일럿 운영을 통해서 2018년 3월 상시 판매 이전에 부족한 부분, 예상과 달랐던 고객의 인입루트 및 불편한 점의 분석/보완을 통해서 시장에 출시했다. 즉 애자일 업무 방식이 빠른 속도로 시장에 100% 비대면 금융상품을 출시하게 만든 하나의 원동력이었던 것이었다.

조직의 공통 목표 미흡 – 정부 규제에 대한 보수적인 해석 견지

금융업은 허가제로 진행되는 산업이다 보니 금융감독원 및 정부

. . . .

16 제품 개발뿐만 아니라 일반 프로젝트 관리에서도 사용 가능한 프로세스 프레임워크. 스크럼은 작은 주기(Sprint)로 개발 및 검토를 해 효율적인 협업 방법을 제공함. 비즈니스 요구를 충족시키는 데 초점을 맞추기 위해서, 작은 목표를 짧은 주기로 점진적, 경험적으로 제품을 지속적으로 개발(전달)하는 관리 프레임워크(기법). 사람들이 효과적으로 성취감을 충족해 협업할 수 있게 해 복잡하고 정교한 제품/서비스를 생산하는 데 유리함.

규제에 대해서 자유로울 수 없는 산업이다. 혁신적인 금융상품 출시나 새로운 금융사업을 진행하더라도 정부의 유권해석이나 허가를 받고 진행해야 한다. 가령, 고객이 국세환급금을 받으려고 하면, 지금까지는 기존 전통 금융기관의 계좌를 통해서만 국세환급을 받을 수 있었지만, 카카오뱅크가 국고 수납대리점으로 지정받기 위해서도 정부에서 허가를 해줘야 한다.

특히 최근 라임 무역금융펀드를 판매한 금융사에 대한 100% 배상의 결정된 바와 같이 불완전 판매와 같은 경우 배상뿐만 아니라 금융권 징계 등과 연계되기 때문에 전통 금융기관의 경우 내부 리스크 부서에게 강한 권한을 부여해 문제가 될 소지를 사전에 배제하는 경향이 강했다.

뿐만 아니라, 금융 상품 선정, 도입 결정 및 사후관리 모니터링은 여신관리, 자산관리, 일반소매금융 등 유관 부서장의 협의에 의해서 의사결정을 하는 경우가 일반적이다. CRO(Chief Risk Officer)의 강한 권한 부여는 위험(Risk)에 대한 조기 발견 등에 대해서는 장점이 있었으나, 새로운 혁신 시도에 대해서는 상대적으로 보수적인 견지를 취해온 것이 사실이었다.

국내 리딩 은행에서 카카오뱅크보다 먼저 100% 비대면 전월세 대출 상품에 대한 기획을 시작하고 진행했지만, 불완전 판매 및 대출상품 판매 시 관련 증빙 서류 미비에 대한 위험성을 끊임없이 지적해 위험성을 지적한 부분이 보완이 될 때까지 상품에 대한 출시를 반대했고, 결론적으로 카카오뱅크에서 먼저 출시를 해서 문제가 없음이 확인이 된 이후에야 준비해 유사한 100% 비대면 전월세 대출 상품을 출시하게 허가했다.

일을 되게 하는 방향으로 고민을 하는 게 아니라, 위험성이 있는 부분을 강조해 이야기하고, 대안을 같이 고민하지는 않고, 현업에서 알아서 고민해오라는 입장을 견지하는 경우다.

기존 고객 안정성 확보를 위한 인텐시브 테스트 진행 필요

국내 리딩 은행의 경우에 내부 시스템이 복잡해 전과 다른 새로운 금융상품을 출시하려면 기본 시스템에 대한 부하를 야기시킬 수 있는 위험성이 있었다. 따라서 100% 비대면 전월세 상품을 출시하기 위해서, 이 새로운 금융상품이 기존 시스템 성능에 부담을 주지 않는 것이 확인돼야 했다.

따라서 새로운 금융상품이 기존 시스템에 연계됐을 때에 최대 3개월까지 집중 테스트를 진행했다. 그리고 이에 대한 문제가 없음이 확인된 후에야 100% 비대면 전월세 상품을 출시할 수 있었다.

반면, 카카오뱅크는 마이크로서비스 아키텍처(Microservice Architecture)[17] 방식으로 시스템 아키텍처가 구축이 돼있다. 따라서 새로운 서비스 및 상품이 추가가 되더라도, 기존 상품 및 서비스는 독립적으로 실행되기 때문에 기존 상품의 대고객 서비스 대응에 문제가 없다.

사례 #2 │ 쿠팡의 조직 분석

코로나19 이후에 전자상거래 시장을 폭발적으로 이끌고 있는 디지털 기업인 쿠팡의 조직을 분석하면 디지털 기업들이 가지는 세

17 대규모 소프트웨어 개발에 적용하기 위한 것으로 단독으로 실행 가능하고 독립적으로 배치될 수 있는 작은 단위(모듈)로 기능을 분해해 서비스하는 아키텍처. 작은 단위로 기능을 분할할 때 수평 방향의 계층별 절단이 아니라, 수직 방향의 기능별로 절단한다. 절단된 독립적인 작은 모듈을 마이크로서비스라 한다. 각 마이크로서비스는 공유나 프로세스 간 통신이 없이도 독립적으로 실행되며 운영·관리된다. 마이크로서비스 간 연결은 응용 프로그래밍 인터페이스(API : Application Programming Service)를 이용한다. 마이크로서비스는 자원 표현이나 데이터 관리 등에 있어서 기능적으로 완전해야 한다. 마이크로서비스 아키텍처 사용으로 개발자들이 클라우드망을 통해 공유하고 협업하여 자유롭게 소프트웨어를 개발할 수 있으며, 개발 및 유지보수에 드는 시간과 비용이 절감할 수 있다(네이버 지식백과 참조).

가지 공통적인 특징을 보여주고 있다.

애자일 팀

쿠팡의 조직은 장바구니, 결제, 마이 페이지 등 쿠팡 내부 개별 기능·서비스를 극한의 고객 경험으로 제공하기 위해 기획자-상품 관리자-개발자-UX/UI 디자이너들이 4명에서 9명 사이의 한 팀으로 구성돼있고, 이러한 애자일 팀은 총 30여 개 이상이다.

고객/시장 반응을 즉시 인지하고 개선 필요시 즉시 반영

데일리 스크럼 미팅을 통해서 고객이 불편함을 호소하는 문제나 기능상 문제가 발생한 경우 즉시 인지하고 향후 개선 로드맵을 수립하는 체계를 갖췄다. 그리고 서비스 개선 요청사항을 정리해서 4주 단위로 새로운 기능이 추가되고 기존 기능이 개선된 서비스를 출시한다. 고객이 최상의 고객 경험을 할 수 있도록 지원하는 체계를 갖추고 있다.

마이크로서비스 아키텍쳐 구현

카카오뱅크처럼 쿠팡도 마이크로서비스 아키텍쳐(MSA) 방식으로 내부시스템을 구성했다. 마이크로서비스 아키텍쳐는 변화하는 비즈니스 요구사항을 빠르게 대응하고 제품·서비스 가치를 고객에게 잘 전달하기 위한 시스템 아키텍쳐. MSA 방식으로 시스템을 구현할 때 다른 시스템에 부하를 주지 않고 각 애자일 조직이 책임지고 있는 부분에 대해서만 독립적으로 최적화된 기술 검증이 가능하다. 이전에 전통 기업들은 시스템 구축 시에 통상적으로 '모놀리식(Monolithic) 방식'으로 구성하는 것이 일반적이었다. 모놀리식 방식은 자신이 개발하고 있는 공간이 실제 사용자들이 사용하는 공간과 동일할 것이라는 가정과 자신들이 제어할 수 있다는 것들이 많다는 점에서 선호돼왔던 방식이다. 그리고 일반적으로 하나의 전체 이미지를 하나의 통에 넣어둬서 하나 모듈의 변경이 다른 시스템 및 인프라에 어떤 영향을 미칠지 상대적으로 쉽게 예측할 수 있었다.

다만, 모놀리식 방식의 단점은 시스템의 확장과 변경에 대해 취약점이 많다는 점이다. 즉, 개별 서비스 모듈을 업데이트하려고 해도 전체를 변경하지 않으면 불가능했다. 반면에 MSA 방식의 구성은 각각의 서비스를 별도로 분리한 형태로 구현하는 방식이어서, 서브사 간의 연결에 오버헤드를 가지지만 시스템의 확정과 변경에 대해서는 강점을 가진다. 디지털 시대에 접어들면서 시스템은 자주 비즈니스 환경 및 기업 환경의 변화에 기민하게 대응할 수 있어야 한다. 시스템의 변화를 발목 잡았던 H/W 인프라 또한 클라우드 기술을 통해 언제든지 시스템의 증설이 필요할 경우 받아줄 수 있는 환경으로 변화됐다.

 MSA 방식으로 시스템을 구현할 수 있게 되면서, 디지털 기업들은 1) 각 서비스를 독립적으로 상호 영향 없이 별도 개발이 가능하므로 개발 속도의 향상을 가지고 왔고, 2) 타 서비스 영향 없이 목적과 특성에 따라 기술 테스트와 적용이 가능해짐으로써 서비스에 맞는 기술 구조의 최적화를 이룰 수 있게 됐고, 3) 순간적인 서비스 폭주 시에 필요 영역 단위로 확장이 가능해짐으로써 불확실성에 대한 대응력 확보가 가능해졌다.

 따라서 MSA 구현은 애자일 팀으로 조직구성을 할 수 있는 기초가 된다. 그 이유는 마이크로서비스 아키텍쳐에서 각각의 마이크로 단위의 서비스들은 애자일 조직의 업무 프로세스와 매우 Sync가 잘 맞는다. 쿠팡의 마이크로 단위 서비스는 장바구니, 결제, 마이 페이지 등으로 구성돼있고, 이것은 애자일 구성과 연결돼있다.

전통 기업의 노력

 카카오뱅크와 기존 금융회사에서 비슷한 시점에 똑같은 기획을 했어도, 실제 시장에 새로운 혁신상품을 내놓기까지는 1년여 이상의 차이가 발생한 이유가 무엇이었는지 살펴봤다.

1) Agile 업무 방식, 2) 사업성과에 대한 집단 공동의 목표의식 미흡, 3) Microservice Architecture 부재 등이 그 핵심 원인이다. 전통 기업과 디지털 기업 간의 업무 문화가 어떤 부분에서 차이가 있는지를 한번 비교해보면 하기와 같다.

앞서 이야기한 대로 지금 전통 기업들과 디지털 기업 간의 모든 산업에서 경쟁이 벌어지고 있는 만큼 전통 기업들이 디지털 기업의 업무 문화를 배우고 적용하기 위한 다양한 시도가 벌어지고 있다. 전통 기업들에서도 1) 호칭 파괴를 통한 수평적인 문화 정착, 2) 능력 있는 인재의 승격 연한 파괴 시도 노력 외에 3) 스타트업과의 조

독립적 솔루션 디자인	〉	협업 기반 솔루션 디자인
100% 확신이 있을 때만 커뮤니케이션	〉	내용을 알았을 때 팀과 지속적으로 커뮤니케이션
전통적인 One-way 커뮤니케이션	〉	고객과 직원에 미치는 영향에 대한 논의
사전 계획을 철저히 준수	〉	실험과 러닝 문화 구축

도표 12. 전통 기업과 디지털 기업 업무 문화 비교

인트 해커톤을 진행한다거나, 4) CVC(Corporate Venture Capital)를 운영함으로써 스타트업 기업들과 교류 등을 통해서 기업문화와 스타트업 기업들이 일하는 방식을 체험하고 공동 협업 과제 진행을 통해서 조직 문화를 변화시키려는 노력들을 한다거나, 클라우드·AI 관련한 내부 직원교육을 진행해 디지털 인재로 전환을 시도하는 기업들도 있다.

물론 한국 전통 기업의 고질적인 문제점으로 지적됐던 경직된 조직 분위기와 수직적인 소통체계 등을 개선하기 위한 호칭 파괴나 승진연한 폐지, 스타트업과 교류활성화 등의 시도는 기업문화 혁신의 "수단"일 뿐이지 "목표"는 아니다. 이러한 작은 변화의 움직임들이 전통 기업의 혁신으로 이어지기 위해서는 현재 처해진 기업 상황이 위기임을 인식하고, 어떤 환경을 만들어나갈 것인지에 대한 목표의식이 전사적으로 확산돼야 한다. 글로벌 선도기업들은 부서 간의 경계를 없애고, 발생하는 이슈에 기민하게 대응하고 성과를 빠르게 내기 위해서 "애자일 조직"으로 변화하려는 노력을 경주하고 있다. 뿐만 아니라 전통 기업에서 디지털이 중요하다고 모든 인재를 디지털 인재로 외부 채용하고 바꿀 수도 없기 때문에, 내부 전통 인력들을 디지털 인력화시키기 위한 디지털 인재 전환 프로그램을 진행하고 있다. 디지털 변화 혁신의 노력은 찻잔 속의 미풍으로 그칠 수 있으며, 위에서 하니까 하라고 하는 혁신 흉내 내기로는 디지털 기업들과 경쟁을 할 수 없다.

디지털 기업 따라 잡기 #1 - 전통 기업의 일하는 업무 방식 변화

일부 해외 선도 기업들에서는 디지털 기업들과 본격적인 경쟁을 위해서 디지털 기업들의 일하는 방식으로 전환을 위한 다각도 노력을 진행 중이다. 그 일환 중의 하나로 애자일 팀으로 일하는 방식으로 변화하고 있다. 왜 많은 해외 선도 기업들이 앞다퉈 애자일 팀 방식을 도입하는 것일까? 애자일 업무 방식을 도입한 BCG 고객들의 결과를 보면 그 성과는 매우 충격적이다. 애자일 팀 도입 이후에 출시한 제품/서비스의 시장 출시 속도는 그전 대비 2~4배가 더 빨라졌으며, 출시한 제품/서비스의 고객만족도도 2~4배 높아졌다. 뿐만 아니라 투입된 인력 및 자원의 생산성, 실제 참여한 임직원의 업무몰입도(Engagement) 역시 매우 높아진 결과를 얻었다.

만일 은행에서 "은행 비대면 채널을 활용한 주택구입자금 지원"의 고객 여정 재설계를 위해서 애자일 팀을 구성한다고 하면, 은행 모기지론 담당자뿐만 아니라 모바일앱 디자이너(Strategic Designer), 데이터 분석가, 개발자, 은행여신심사 전문가 등 업무 및 분야별 전문 지식을 가진 사람들이 모여서 Cross functional team을 구성해 진행한다. 또한 이러한 Cross functional team은 완전히 새로운 고객 경험 제공을 위해서 사내외로 산재한 장애물들을 제거하면서 한 발자국씩 나아가야 한다.

물론 이러한 Cross functional team 구성원 중에서 일부 아주 전문화된 기능조직은(가령 HR, Finance, Compliance, Risk, 법무 등) 상시 팀원으로 있을 수도 있고 비상주 직원으로 고객 경험 설계를 완성해나가는 데 도움을 줘야 할 수도 있다. 이러한 신속한 의사결정을 위해서 사무공간도 Customer Journey Room을 구성해, Open space에서 cross functional 조직이 한군데에 모여서 고객 경험관점에서 문제가 되는 이슈를 현장에서 즉각 해결해나가는 것이 필요하다.

애자일 조직을 보면 Tribe, Chapter, Squad, Guild라는 조직 구성으로 나뉜다. 중요한 것은 Tribe, Chapter, Squad를 어떠한 기준으로 구분하느냐다. 1) Tribe는 가장 큰 조직 구성단위로, 2) 같은 직무의 Chapter, 3) 하나의 기능구현, 제품, 서비스를 Cross functional team으로 구성된 Squad, 그리고 4) 공동의 관심사를 공유하는 커뮤니티인 Guild로 구성되는 것이 일반적이다.

NAB의 Tribe 중 "Private Lending" 조직이 있다. 개인대출 Tribe라고 한국어로 해석할 수 있을 것이다. "Private Lending Tribe"는 1명의 Tribe Lead를 포함하여 129명의 풀 타임 인력으

로 구성돼있다. Tribe 전 직원은 한곳에 모여서 업무를 수행하는 Co-location이 원칙이다. "Private Lending Tribe"는 6~8명으로 구성된 18개의 Squad 조직으로 구성돼있다. Private Lending Tribe가 처음 발족할 당시에는 3~4개의 Squad로 시작했으나, 고객 경험 개선을 위한 미션을 기반으로 비효율 부분을 개선하는 것을 시작하다 보니 지금 규모로 성장하게 됐다.

NAB에서 수행한 애자일 팀의 효과는 대성공이었다. 애자일 업무 혁신을 진행한 이후에 1) NPS[18] 향상, 2) 상품/서비스 출시 속도 증가, 3) 25~30% 업무 효율성 제고, 4) 직원들의 업무 몰입도 향상을 통한 직원 이탈률 방지 효과를 거뒀다.

••••

18 '추천 의향'이라는 단 하나의 문항으로 고객 로열티를 측정하는 방법이다. 추천 의향 문항을 11점 척도로 측정해 추천고객비율에서 비추천고객비율을 빼서 NPS를 산출한다. NPS는 추천 의향을 높임으로써 반복 구매(Repeat Purchase) 또는 추천(Referral)을 일으키고, 이 두 가지를 통해 궁극적으로 기업의 성장을 달성하고자 한다.

Agile team과 Cross functional team 비교

필자에게 많은 전통 기업 CEO분들에게 애자일 팀에 대해서 이야기하면 공통적으로 Cross functional 팀과 애자일 팀의 비교를 문의하는 경우가 매우 많았다. 간단하게 Cross functional 팀과 애자일 팀을 비교해보면 하기와 같다.

Full Time vs Part Time

Agile 팀은 멤버가 Full time이나 Cross functional 팀은 구성원이 Part Time인 경우가 대부분이다.

Long-term mission&Empowerment vs Time limited objective

Agile 팀은 long-term mission을 가지고 있고, Long-term mission을 달성하기 위한 자체적인 자유도(Empowerment)를 가지고 있는 반면, Cross functional 팀은 목표를 달성하기 위한 시간 제약이 있는 경우가 다반사고, 목표를 달성하기 위한 자유도에 제약을 받는 경우가 많다.

Co-location

애자일 팀은 통상적으로 Co-location으로 한 장소에서 모든 팀 멤버가 모여서 일하는 경우가 대부분이다. 애자일 팀에서 Co-location은 빈번한 의사소통 및 속도감 있는 업무 진행 등을 위해서 필수 불가결한 선제 조건이다. 반면, Cross functional 팀 멤버는 개인 자리에서 일하면서 필요한 부분을 지원하는 경우가 대부분이다.

Product Owner

애자일 팀에서는 PO(Product Owner)가 필요하며 매우 중요하다. Product Owner는 데일리 스크럼 활동을 통해서 달성해야 하는 여러 업무에 대한 우선순위를 조정하며, 실질적인 팀 리더 역할을 수행한다. 물론 Cross functional 팀에서도 팀 리더가 있긴 하지만, 그 역할이 광범위하고 잘 정의되지 않은 경우가 대부분이다.

MVP(Minimum Viable Product)

애자일 팀은 MVP라는 중간 형태의 산출물/제품/서비스를 몇 차례 단계로 나눠서 고객에게 선을 보이고, 관련한 피드백을 받아서 보완/수정하는 반복적인 과정으로 고객에게 극강의 고객 경험을 제공한다. 반면, Cross functional 팀은 상시 조직이 아니므로, "Waterfall" 방식으로 주어진 기간 동안 완성품/서비스를 만들어낸다.

상시조직 vs 임시 Task Force 팀

애자일 팀은 상시조직인 반면 Cross functional 팀은 임시 조직인 경우가 대부분이다. Cross functional 팀이 1년 이상 지속되는 경우는 많지 않다.

애자일 팀은 상시조직이기 때문에 애자일 팀의 평가도 팀 내에서 이뤄지는 경우가 대부분인 반면 Cross functional 팀은 임시조직이라 파견된 팀원의 평가는 원 조직장이 진행하는 경우가 대부분이다.

디지털 기업 따라 잡기 #2 – 내부직원을 디지털 인력으로 전환

서두에서 얼마나 디지털 인재를 채용하기가 어려운지 그리고 대규모의 인재를 채용하고 관리하기 위해서 얼마나 장기간의 로드맵이 필요한지에 대해서는 캐피털 원의 사례를 통해서 상세히 살펴봤다. 캐피털 원의 경우에도 디지털 혁신 초기에는 디지털 인력의 양적인 확보를 위해서 노력을 경주했지만, 후반부에는 신입사원 채용 및 기존 인력의 디지털 인재 전환 노력을 게을리하지 않았다.

이번에는 내부 직원의 디지털 인력 전환 노력에 대한 실제 사례를 중심으로 살펴보겠다.

내부 직원 활용을 통한 디지털 인력 전환의 경우는 2가지 방식이 존재한다. 2가지 방식은 선택의 문제가 아니라, 전통 기업에서는 모두 수행을 해야 한다.

디지털 인재가 애자일 팀으로 구성이 돼있고 Finance 혹은 HR과 같은 경영지원부와 협력이 진행되더라도 디지털에 대한 이해는 반드시 필요하기 때문이다.

앞으로 편의상 기존 전통 인력들은 T(Traditional), 디지털 인력들은 D(Digital)로 부르기로 한다.

T(기존 인력) → D(디지털 인력) 전환

특히 국내기업에서는 가장 많은 관심을 기울이는 영역이다. 국내 전통 기업들이 특히 관심을 가질 수밖에 없는 이유는 우리나라 노동시장의 특수성에 기인한다. 대한민국은 상대적으로 노동시장의 경직성이 강한 국가이고, 한번 직원을 채용하면 해고가 쉽지 않다. 따라서 대부분의 국내 전통 기업들은 외주 전문 회사를 활용해 시스템/인프라를 구축하고 서비스 운영기준이나 비용 등을 고려해

IT 아웃소싱을 보편적으로 진행했다. 하지만 디지털 시대에 돌입하면서 디지털 기술의 내재화, 디지털 기술 인력의 내재화가 필요해진 만큼 시장에서 디지털 핵심인력들을 채용해야 하는 필요성에 직면했다.

반면, 국내에서 디지털 핵심인력들을 채용하는 것은 매우 어려운 상황이다. 전통 기업들의 경우 우수한 디지털 인력들을 채용하려면, 네이버, 카카오 등의 디지털 기업들과 경쟁을 해야 하고, 서두에 이야기한 것처럼 전통 기업들은 디지털 인재들이 원하는 직장이 아니다. 이러한 공급적인 인력 수급의 어려움과 기존 인력의 해고가 어려운 상황에서, 기존 인력의 디지털 인력으로 전환이라는 것은 대한민국 전통 기업들에게는 매우 관심 있는 분야가 아닐 수 없다.

하지만, 캐피털 원도 이와 관련해서 진행했을 때에 PO(Product Owner)나 AI/ML(Artificial Intelligence / Machine Learning) 분야 전문가를 제외한 일부 데이터 분석가는 재교육을 통한 인력전환이 가능하다고 판단했으나, UX/UI 디자이너나 개발자의 경우에는 내부 전통인력의 재교육을 통해서는 거의 불가능하다고 판단했다. 현실적으로 이러한 디지털 인력전환 프로그램을 진행할 경우에 실패 확률이 성공 확률보다 높은 것이 사실이다.

	[T→D] 내부 직원을 Digital 전담 인력으로 전환	[T→New T] 내부 직원 대상 Digital 업무 방식 교육
목적	내부 직원 활용한 digital	내부 직원의 digital 업무 방식 이해도 제고 향후 디지털 사업의 효과적 협업 기반 확보
사례	디지털 전환 배치 프로그램 운영 기 반, 내부 직원 전환 장려(골드만 삭 스) 직무별 target profile 도출 Employee DNA에 기반한 적합 인 재 도출 및 전환	디지털 교육 프로그램 운영 (RHB) 全 리더급 대상 100시간 디지털 교육 리더십을 통한 자연스러운 디지털 문화 확산 유도
	적성 테스트 기반 유망 직원 선별적 전환(소프트뱅크) 성공 직원 적성, Skill, 행동 분석 성공 가능성이 높은 직원 선별해 맞춤형 디지털 인력 전환 추진	기업 간 인력교류 근무(P&G) P&G 마케터와 구글 SW 개발자 인력 교류 근무를 통해 디지털 마케팅 역량 강화 및 디지털 업 무 문화 탑재

도표 13. T → D와 T → New T

하지만 이 어려운 환경에서도 내부 인력을 디지털 인력으로 전환을 성공한 기업들이 있다. 공교롭게도 이러한 내부 인력의 디지털 인력으로 전환하는 가운데에서도 AI/빅 데이터 분석과 같은 디지털 기술을 활용하고 있다.

내부 인력을 디지털 인력으로 전환 사례 #1 - 골드만 삭스

2017년 초 골드만 삭스 CEO인 로이드 블랭크페인은 "We are a technology firm. We are a platform"이라고 선언했다. 골드만 삭스의 디지털 기술 및 인재 확보에 대한 노력은 금융권 중에서 가장 선도적인 행보를 보이고 있다.

증권사 애널리스트들에 의존하던 시황 및 기업분석을 자체적으로 처리하기 위해 Kensho라는 머신러닝 스타트업의 솔루션을 기반한 AI 시스템인 "Warren"을 만들었다. 이를 통해 북한 핵문제나 미세먼지와 같은 인재 혹은 자연재해 등과 같은 이슈가 시장 주식 가격에 미치는 영향을 과거 유사한 데이터 기반 머신러닝을 활용해 예측했다. 워런(Warren)은 전문 애널리스트 15명이 4주 동안에 할 수 있는 데이터 수집, 미래 시장 예측 등의 엄청난 일들을 단 5분 만에 처리 가능하다고 한다. 수많은 데이터가 폭발하는 시대에서 시장에 대한 분석을 사람의 전문성에 의존하는 것이 아니라 결과적으로 AI/ML 기술을 활용한 데이터 수집-분석으로 대체한 것이다. 이것은 골드만 삭스가 기술기업(Technology firm)으로 전환하고 있음을 보여주는 유명한 사례다. 결과적으로 골드만 삭스는 전통 금융 인력을 줄이고 AI 전문가와 소프트웨어 개발자를 추가적으로 채용하는 인력 전환을 가속화하고 있다.

Employee DNA(직원 DNA)와 AI를 활용한 Fit Analysis 수행

골드만 삭스는 Employee DNA를 정의했다. Employee DNA 라는 것은 기본 HR 정보뿐만 아니라, 경력, 기술, 채용 경로, 외부 추천한 인력인 경우 추천인, 골드만 삭스 입사 후의 근무 이력, 과거 성과평가 등을 다각도로 면밀히 분석해 디지털 업무 전환 시 적합성 파악 및 people analytics 분석을 위한 기본 데이터를 확보하는 데 그 목적이 있었다. 현재 관리되고 있는 Employee DNA 내에 관리 데이터는 약 1,000여 개 이상으로 파악이 되며 학력의 예를 들면, 전공과목과 졸업 논문과의 상관관계를 통한 디지털 직무 적합성 파악이라든가, 지원 경로의 경우 내부 임직원 추천 경로로 들어온 인력인지 헤드헌터를 통해서 들어온 인력인지 등에 대한 구분, 행동 및 신상 관련한 분석의 경우 회사 내 커뮤니티 활동 여부, MBTI[19] 결과 등을 종합적으로 고려해 내부 직원의 디지털 인재 전환 프로그램을 실행한다.

디지털 직군 내에 Job Opening이 생긴 경우, 골드만 삭스는 내부 직원이 먼저 Job Posting을 보고 지원이 가능하기도 하고, HR

....

19 Myers-Briggs Type Indicator. 일상생활에 활용할 수 있도록 고안된 자기보고식 성격유형지표.

에서 Employee DNA 분석 결과 추천할 만한 인력을 미리 list-up을 받아서 후보자 short list를 작성한다.

이 Short list 후보군들 중에서 Employee DNA 정보를 기반으로 Open된 디지털 직무의 필요 연차, 요구역량, 선호 기술 및 자격증 보유 여부 등의 데이터와 직무기술서(Job description)의 Text 분석 및 AI 분석을 통해서 "Fit Analysis"를 수행한다. 이러한 Fit Analysis가 완료된 이후에 선출된 최종 후보자에 대해서는 부족한 부분은 맞춤형 training program을 제공해, 역량 Gap이 발생하는 부분에 대한 1:1 coaching을 진행한다. 맞춤형 training program 수료 이후에 디지털 부서의 업무 평가 및 교육성과, 개인의 성취도 등을 다각도로 분석해 최종 전직 여부를 결정하는데, 설령 최종적으로 전직 불가 결정이 발생하더라도 기존 지원했던 최종 후보자는 기존에 근무했었던 position으로 복귀가 가능하다. 그리고 최종 전직에 실패했던 사유에 대한 분석도 심도 깊게 실행해, 유사한 position으로 다시 Job opening이 나올 경우에 AI 기반의 Fit analysis 결과에 참조가 돼 내부 전환율이 높은 디지털 인재를 배출할 수 있게 기여한다.

내부 인력을 디지털 인력으로 전환 사례 #2 - 소프트뱅크

소프트뱅크 그룹은 일본 3대 통신사 중 하나인 소프트뱅크뿐만
아니라, 미국 통신사인 스프린트(Sprint)를 최근 인수했고, 일본
No.1 인터넷 포털인 Yahoo Japan을 가지고 있으며, 최근 네이버
의 자회사인 일본 LINE과 5:5 합작사인 Z Holdings를 세우기로
해 국내에서 뉴스에 회자되는 기업 중 하나다. 게다가 최근 소프트
뱅크는 비상장 디지털벤처기업 투자 큰손으로 더욱 유명하다.

소프트뱅크 그룹은 그동안 세계 유망 스타트업 1,100여 곳에 투
자했고, 보유 주식 가치는 한때 한화로 300조 원 안팎이었다. 소프
트뱅크가 투자한 대표적인 유니콘 기업들은 미국의 모빌리티 공유
업체인 Uber, 영국의 반도체기업 ARM, 화상회의 회사인 줌
(Zoom), 협업툴을 제공하는 Slack 등 소프트뱅크가 투자해 상장
까지 이른 회사들은 셀 수 없다.

일본 3대 통신사 중의 하나인 소프트뱅크에서는 탈통신(Beyond
Telecommunication)이라는 비전을 가지고 다양한 혁신 프로그램
을 진행 중이다. 소프트뱅크는 이러한 혁신 프로그램 중의 하나로
디지털 인력 및 일하는 방식의 전환도 동시에 진행 중이다. 디지털
인력 및 일하는 방식의 전환 목표 중의 하나로 전체 인력의 약
50%를 신규 디지털 사업 쪽 인력으로 향후 3년 이내 전환 목표를

세웠다. 기존 통신 사업 관련 업무들은 RPA(Robotics Process Automation)를 포함한 디지털 업무 혁신 작업을 통해 업무 및 인력 효율화를 진행하며, 디지털 업무 혁신으로 발생하는 기존 유휴 인력 9,000여 명을 향후 디지털 신규 사업에 업무 재배치를 목표로 추진 중이다.

내부 인력의 디지털 사업 인력 전환 목표를 달성하게 할 핵심은 1) RPA와 같은 디지털 기술을 활용한 기존 업무 효율화 2) 디지털 신사업에 필요한 Job(직군)에 필요한 역량을 사전에 정의해 기존 통신인력들을 전환교육을 통한 맞춤형 인재로 양성하고, 내부 전환교육으로 불가한 직군에 대해서는 외부채용을 선별적으로 진행한다는 전략이다.

소프트뱅크는 신규 디지털 사업에 필요한 직무를 정의하고, 직원별 개개인의 성향, 특징, 업무 기술, 행동 패턴 등의 데이터 기반 업무 적합성 분석(Fitness Analysis) 예측 AI 모델을 개발해 새로운 디지털 업무로 전환배치 시에 최대한 성공 확률을 높일 수 있도록 추진했다.

내부 인력을 디지털 인력으로 전환 사례 #3 – RHB

필자가 지난 10여 년 동안 디지털 컨설팅을 하면서 느꼈던 국내 전통 기업들이 디지털 혁신이 안 되는 이유 중의 하나는 경영진과 직원 간의 디지털 혁신의 절실함에 대한 온도 차가 있다는 것이다. 그래서 디지털 인재를 외부에서 영입하더라도 기존 전통 인력들과 협업하는 부분에서나 디지털 혁신에 대한 공감대 결여로 인해 디지털 인력들은 겉돌다가 지쳐 회사를 나가는 경우를 많이 봐왔다. 새로운 과제, 새로운 사람, 새로운 기술을 통한 변화의 시도는 기존 조직원들에게는 커다란 위협으로 느껴지는 경우를 종종 목도했다. 스위스의 유명 경영대학원의 제니퍼 조던(Jennifer Jordan) 교수의 말에 의하면, 디지털 혁신에 대해 많은 기업들이 이러한 "기업 면역 시스템(Corporate Immune System)"의 저항에 직면에 있다고 이야기하고 있다.

디지털 인재로 변화하려는 인력을 대상으로 한 교육 프로그램뿐만 아니라 기존 인력들 대상으로 디지털 업무 방식과 혁신에 대한 교육도 반드시 필요하다.

대표적인 사례로 RHB가 있다. RHB는 1만 9,000여 명의 임직원을 두고, 9개 아시아 국가에 진출해 있는 말레이시아에서 4번째로 큰 금융 그룹이다. RHB는 2017년도부터 본격적으로 디지털 혁신 작업을 시작했고, RHB의 CDTO(Chief Digital and Technology Officer)는 고객여정 기반으로 고객의 Painpoints를 분석해서 클라우드, AI 등의 디지털 기술을 활용한 SME 대상 플랫폼 제공 등의 다양한 디지털 혁신과제들을 진행해왔다. RHB는 2017년부터 디지털 혁신을 진행하면서 기존 전통 인력과 디지털 인력들과 유기적인 협업이 고객 여정 기반으로 디지털 혁신을 진행하는 데에 필수적인 요인임을 깨닫고, 전통 인력들이 디지털 인력과 협업할 수 있는 디지털 업무 방식 이해도 제고 및 협업 효과성 극대화를 위한 전사 비즈니스 리더급 대상 교육 프로그램을 의무화했다.

비즈니스 리더급이 되면, 반드시 리더급(국내 기업의 경우 팀장급)은 팀장 발령 이후 6개월간 매주 1개 클래스를 의무적으로 참석하며, 총 100시간 디지털 핵심 교육을 이수받는 것을 의무화했다. 그 디지털 교육 프로그램은 전반적인 디지털 트렌드 및 고객 불만사항 발견을 위한 문제 해결방안(Problem Solving) 방법론에 대한 설명을 포함해 디지털 오퍼레이션, 고객 경험 설계/디자인, 애자일 방법론, 데이터 분석 방법론 등 다양한 주제로 설계됐다. 디지털 교육 프로그램 중에서 리더급이 반드시 이수해야 하는 교육이지만, 일부 과정은 심화 과정으로 리더급의 역할에 따라서 선택적으로 이수해야 하는 것으로 교과 구성을 했다. RHB가 이러한 리더급 대상 전사 디지털 교육프로그램을 통해서 달성하고자 하는 목적은 교육받은 리더들이 담당 팀의 전파 교육 및 디지털 전도사로 변환해 문화 정착을 주도하는 것이었다.

결과는 대성공이었다. RHB는 아시안 뱅커(The Asian Banker)에서 주관하는 2019년 "Best Financial Supply Chain Initative, Application or Program"과 "Best Innovation Centre by Financial Institution in Malaysia for Innovation and digital banking"을 수상했다.

Part **3**

HR 측면의
디지털 인력
혁신

외부 영입 인재와
내부 인력의 조화

앞서 디지털 혁신(Digital Transformation)을 성공적으로 수행하기 위해서, 전통 기업들이 진행하고 있는 HR 측면의 디지털 인력 업무 혁신(Digital Talent Transformation)을 살펴봤다. 또한 디지털 조직의 특징을 분석하고, 전통 기업들이 디지털 기업과 경쟁하기 위해서 어떠한 노력들을 하고 있는지를 사례를 중심으로 살펴봤다.

디지털 혁신 수행을 위해서 외부에서 인재를 채용하고, 내부에서 인력을 전환하고, 디지털 기업과 경쟁하기 위한 애자일 팀 등을 구성하고 수평화된 회의문화를 만들기 위한 호칭 변경 및 발탁 승진 체계 등 인사적인 부분에 있어서의 종합적인 노력과 치밀한 전략이 필요함을 다수 사례를 통해서 파악할 수 있었다. 이번에는 외부에서 영입된 디지털 인재와 내부 인력들이 공동의 목표를 가지고 디지털 혁신을 성공하기 위해서 조직 문화, 인사 평가 및 보상 체계 및 디지털 조직 구조를 단계적으로 어떻게 가져가야 하는지에 대한 부분을 살펴보고자 한다.

사례 #1 | 네이버의 Fast fail을 인정하는 문화

지금 대국민 모바일 메신저인 카카오톡과 경쟁하기 위한 네이버의 모바일 메신저를 "라인(LINE)"으로 알고 있는 사람들이 대부분일 것이다. 하지만 라인(LINE) 이전에 2011년도 2월에서 2012년도 3월까지 1년간 운영하다가 중간에 접은 "네이버톡"이라는 서비스가 있었다. 네이버톡은 그 당시 네이버의 핵심 기획자, 개발자, 디자이너들을 차출해 카카오톡을 뛰어넘는 모바일 메신저를 만들고자 혼신의 노력을 기울인 서비스였다. 필자가 그 당시 네이버 모바일 아웃소싱 프로젝트를 진행했을 때 기억으로는 약 50여 명 이상의 핵심 인력들이 본 서비스 개발을 위해서 노력했던 것으로 기억한다. 하지만 네이버에서 엄청난 투자를 진행했음에도 불구하고 시장 출시 이후에 카카오톡의 아성을 넘지 못하고 실패하고 만다. 만약에 전통 기업에서 유사한 경우가 발생하면 어떻게 됐을까? 가령 CJ올리브영과 경쟁하기 위한 H&B(Health& Beauty) 스토어 사업에 신세계/이마트 그룹이 진출을 선언했고, 그룹의 핵심 역량 및 자원을 지원해서 시장에 새로운 브랜드를 가진 H&B 스토어 사업에 출시했는데, 철저히 완패를 당했다면? 아마 신세계/이마트 그룹의 해당 사업 책임 임원은 사업 실패에 대한 책임을 지고 물러나는 게 정상일 것이다.

네이버는 그렇지 않았다. 그 당시 기획의 책임을 지고 있던 서비스 기획 임원은 그 이후에도 줄곧 네이버 주요 서비스 기획 업무를 도맡아 진행했으며, 개발담당 총 책임 임원은 네이버 개발을 맡은 CTO 역할을 하다가, 네이버 자회사 대표로 영전이 됐다. 그 이유는 네이버에 "Fast fail(빠른 실패)을 인정하는 문화"가 존재했기 때문이다.

그리고 이러한 네이버톡의 실패 경험은 지금 일본/대만/태국의 No.1 모바일 메신저인 라인(LINE) 성공의 자양분이 됐다.

사례 #2 | **마이크로소프트의 Connect 프로그램**

필자가 마이크로소프트(Microsoft) 입사해서 진행한 인사성과 평가와 관련해서 몇 가지 국내 전통 기업들에서는 볼 수 없는 성과 평가 시스템이 있는데 그중 하나는 "Connect"라 불리는 성과 개발(Performance Development) 프로그램이다. "Connect"는 마이크로소프트 CEO인 사티아 나델라(Satya Nadella)가 마이크로소프트를 디지털 트랜스포메이션을 하면서 바꾼 대표적인 인사평가 시스템의 산물 중 하나다.

사티아 나델라 이전 마이크로소프트의 문화는 기술에 집약된 "Aggressive Geek(적극적인 괴짜)"들의 문화였고, 성과 평가와 직원 생산성에 집중한 문화였다고 한다. 특히 마이크로소프트는 제품 사업부 조직 간이 매우 경직돼있고, 상호 협업이 안 되며, 이슈가 생겼을 때에 서로 비난하는 안 좋은 문화를 가진 대표적인 기업이라는 풍문이 돌았다.

뿐만 아니라, 윈도우 모바일 OS 및 윈도우 폰의 실패 등 연이은 악재로 모바일 시대에 제대로 대응하지 못한 기술기업이라는 시장의 평가로 마이크로소프트에는 위기의식이 팽배했다.

이때 혜성같이 등장한 사티아 나델라는 마이크로소프트를 변화시키기 위한 여러 가지 시도를 추진했다. 1) 제품(Product) 관련해서는 Window, Office, On-Promise 서버 같은 주요 제품군을 Window as a Service, O365, Azure와 같은 클라우드 제품군으로 변환하는 노력을, 2) 비즈니스 모델도 License 모델에서 Subscription(구독형) 모델로 변환하는 추진을 3) 내부 오퍼레이션도 디지털 기술 기반으로 효율화하는 작업을 수행한다.

지금 코로나19 시대에서 마이크로소프트의 대표 제품군으로 자리매김한 화상회의/협업업무지원시스템인 마이크로소프트 Teams도 이러한 내부직원용 애플리케이션에서 진화한 대표적인 사례다. 사티아 나델라 회장은 진정한 기업의 디지털 혁신은 기업문화 혁신이며 결국 사람들의 마인드셋의 혁신이 중요하다고 봤다.

기업문화 혁신과 임직원의 마인드셋 변화를 위해서 마이크로소프트는 각자 주어진 업무의 역할에 대한 명확한 정의를 내리기 시작했고, 연간 관리하던 성과평가(Performance Management) 관리 방식에서 주기적인 성과개발(Performance Development) 방식으로 전환했다.

이러한 마이크로소프트의 성과개발(Performance Development) 방식의 명칭을 "Connect"라고 하며, 1년에 총 3회 매니저와 팀원간 "Connect"를 진행한다. Connect 기간 전에 팀원들은 본인이 다음 Connect 기간 전에 본인의 역량 중 개발해야 할 부분을 명시하고, 마이크로소프트에서 제공하는 다양한 교육프로그램을 통해서 본인이 부족한 부분을 어떻게 교육을 통해서 역량 증대를 하겠다는 구체적인 계획을 제시하게 된다.

개인의 역량뿐만 아니라 다른 조직, 다른 사업부를 "Growth Mindset" 관점에서 어떻게 도울지에 대한 부분도 생각을 하게 한다. 그리고 마지막으로 본인이 그간 진행한 비즈니스 효과를 정량적으로 기술하게 해 매니저와 논의를 하는 과정을 거치고 매니저는 1) 팀원의 개인역량 및 성과 증대, 2) 기업 내 다른 조직과 협업해 성공을 이뤄낼지, 그리고 3) 다른 사람의 성공 경험을 본인의 업무에 잘 반영해 어떻게 내 업무 성과를 만들어냈는지를 종합적으로 고려해, 개인이 발생한 긍정적인 비즈니스 효과(Business Impact)를 협의해 HR 시스템에 기록을 남기게 된다.

1년에 3회마다 반복적인 "Connect" 활동을 통해서 과거 계획을 제대로 지켰는지를 지속적으로 모니터링하고 팀워크나 협업 관련한 부분도 주기적으로 관찰을 하게 해 실질적으로 임직원이 회사가 기대하는 성과자로 자리매김할 수 있도록 변화를 유도하는 프로그램이다.

과거 실적 중심에서 미래 해야 할 일 중심으로

마이크로소프트에서 수행하고 있는 성과 개발(Performance Development) 프로그램은 최근 많은 디지털 기업들이 앞다퉈 진행하고 있는 인사 프로그램이다. 디지털 기업들이 1980년대 GE에서 출발해서 지난 40년간 많은 기업들의 성과관리 교과서로 추앙받던 과거 성과를 기반으로 연간 Performance Management(성과 관리)하던 방법론에서 벗어나 미래에 해야 할 일을 중심으로 빈번하게 진도를 체크하는 성과개발(Performance Development) 방법론을 채택하고 있다.

지금으로부터 10년 전만 하더라도 대부분 기업의 약 75% 정도가 Performance Management 모델을 도입해 하위 저성과자를 골라내어서 내보내는 방식의 인사평가를 수행했다. 하지만 지금은 반대로 대부분 기업의 75%가 "Coaching & development" 방식의 Performance Development 모델을 채택해 조직원들이 조금 더 기업 내에서 더 잘 일할 수 있도록 독려하는 방식으로 바꾸고 있다.

그 이유는 디지털 시대와 같이 빠르게 변화하고 애자일한 방법론으로 사업목표의 궤도 수정이 빈번한 현실과, 과거 연간 단위의 실적을 보고 평가하는 성과관리 방법론은 맞지 않는다고 보기 때문이다. 특히 앞서 이야기한 디지털 인재의 대부분을 구성하는 MZ세대[20]는 조직보다 개인의 성과 및 발전을 중요하게 생각한다. 대한민국 통계청 자료에 의하면, 이미 MZ세대(밀레니얼+Z세대)는 국내 인구의 33.7%를 차지하고 있다. 회사 조직원들의 명확한 조직 목표 달성의 주체로 판단해, 조직의 성과를 달성하게 하기 위해 조직원들을 일사분란하게 정렬하기 위한 수단으로 관리하는 성과관리(Performance Management) 방식은 자신의 가치와 자기개발 기회를 중시하는 디지털 인재들을 관리하기 위한 HR 프로그램으로 맞지 않다.

디지털 기업들은 조직원들을 회사 성과 및 사업성과 창출의 원천으로 판단하고, 조직원의 역량을 100% 이끌어내어서 성과를 창출하는 데에 힘을 쏟고 있다.

미국 소프트웨어 회사인 어도비는 2012년도에 Roll-out한 "Check-In"이라고 불리는 성과 개발 프로그램을 통해서 1년에 10만 시간의 매니저가 팀원들이 관리하는 시간을 절감했고, 팀원 간의 빈번한 소통을 통해 직원의 자발적인 퇴직을 감소시킨 효과가

••••

20 1980년대 초~2000년대 초 출생한 밀레니얼세대와 1990년대 중반~2000년대 초반 출생한 Z세대를 통칭하는 말이다. 디지털 환경에 익숙하고, 최신 트렌드와 남과 다른 이색적인 경험을 추구하는 특징을 보인다.

있었다고 발표를 했다.

심지어 성과관리 방법론을 최초로 진행했던 GE조차도 과거를 뒤돌아보며 연 1회 성과평가를 하는 구조에서 앞으로의 자기개발 계획 및 변화관리 아이템에 대해 매니저가 주기적으로 팀원들의 성과를 코칭하는 구조로 바꾸고 있다.

성과관리와 성과개발 비교

아직 대다수의 국내 전통 기업들에게는 익숙하지 않은 개념인 성과개발(PD)은 성과관리(PM) 체계와 여러 측면에서 다른 점을 보인다. 성과관리(PM)의 최우선 순위는 조직의 목표와 개인의 목표를 동기화시키는 것이다. 그러다 보니 성과판단 기준을 조직 목표 대비 개인의 목표가 달성됐는지 "결과" 중심의 지표를 가지고 한 해 성과를 판단하게 된다. 많은 조직원들과 상대적인 비교를 해야 하기 때문에 평가방식은 정량화되고 객관화된 숫자를 중심으로 논의할 수밖에 없으며, 전체 조직성과를 팀-개인의 순으로 배분하는 구조다.

성과관리(PM)	VS	성과개발(PD)
조직(Top·down)	우선순위	구성원 개개인(Bottom·up)
Output	성과 판단 기준	Input Quality
정량화/객관화	평가 방식	개인화 비정형화/주관화
Zero—sum	보상 운영	Positive·sum

도표 14. 성과개발과 성과관리 비교

성과개발(PD)의 최우선 순위는 구성원 개개인의 역량 발전이다. 특히 조직원 한 사람 한 사람의 성과가 조직 전체의 성과에 직결된다는 원칙으로 진행된다.

그러다 보니, 객관적인 결과도 참조는 하겠지만 기본적인 조직원들의 새로운 기술 및 지식에 대한 학습량 및 학습 의지, 커뮤니케이션 방법, 업무에 임하는 태도 등의 정성적이고 주관적인 부분에 대한 코칭이 많이 들어가게 된다.

개선 방향을 지적하고 일정 시점이 경과한 이후에 매니저와 함께 진행했던 본인의 개발 플랜에 대해서 진척도를 관리하는 방식이다. 이러한 PD(성과개발) 방식은 공통적인 특징을 지니게 된다.

평가 주기(Cycle)의 단축

미래의 개발플랜과 부족한 역량개발을 위해 해야 할 일을 상호 합의하는 과정에서 빈번한 목표설정의 변경과 그간 진행했던 성과에 대한 검토를 진행하다 보니, 연 단위로 주로 진행했던 성과관리(Performance Management) 모델과는 달리 격월, 분기 혹은 반기 정도로 상대적으로 빈번한 주기로 운영된다.

Review/Rating의 분리

PD(성과개발)의 목적이 그해 성과 결과를 한 번에 결정하는 게 아니라, 팀원들이 업무내용을 충분히 숙지를 하고 진행하는지, 개인 역량의 발전이 있었는지에 대한 전반적인 피드백을 제공하는 것이기에 최종 연봉이나 승진, 보너스 등을 결정하는 등급 부여와는 분리되는 개념이다.

마이크로소프트에서도 Connect에서 진행한 PD(성과개발)의 결과가 비즈니스 효과(Business Impact) 결과를 기반으로 개인 고과/성과를 평가해 연봉 인상이나 보너스 비율을 결정하는 People Discussion과는 별도로 구분해 진행한다.

360도 다면평가 적극 도입

개인 역량을 판단하기 위해서 매니저와 팀원 간의 논의뿐만 아니라 다른 부서 혹은 동료들의 의견을 적극 참조한다. 이는 최대한 다양하고 많은 이들의 관점에서, 다면평가를 적극적으로 실시하기 위함이다.

마이크로소프트에서도 "Perspective"라는 개념을 도입해, 성과개발과는 별도로 "Keep doing"과 "Re-think"라는 항목으로 구성돼 팀원이나 동료들의 의견을 수집해 매니저가 직원들의 Informal 코칭에 활용을 하고 있다.

엄격한 Calibration 수행

PM(성과평가)은 전체 100명의 평가대상자가 있다면 상위 5%와 하위 5%를 골라내는 방식이 상대평가 방식인 반면, PD(성과 개발)는 절대평가 방식이다.

하지만 한 평가자가 전체 조직원을 대상으로 PD를 수행한다고 하면 절대적인 기준에서 모든 사람의 평가가 가능하겠지만, 다수의 평가자가 각자 팀원/평가자 대상으로 PD(성과개발) 프로세스를 진행하므로, 최종적으로 모든 PD결과가 취합돼, 모든 직원의 고과/성과를 평가하는 자리에서는 엄격한 기준으로 개인의 역량 및 성과를 보정하는 Calibration 작업 수행은 불가피하다.

3

디지털 인재를
담을 수 있는
기업 내 디지털 조직

디지털 혁신 과정은 단계적인 진화 과정을 거쳐야 함을 캐피털 원의 사례나 마이크로소프트의 사례를 통해서 살펴봤다. 디지털 혁신 과정을 성공하기 위해서 비즈니스 효과 높은 혁신 과제를 발굴해 진행하는 것도 중요하지만 디지털 혁신을 성공하기 위한 체계적인 인재 채용 계획, 소싱 전략, 인재확보 후 평가/보상까지 포괄한 디지털 인력 업무 혁신(Digital Talent Transformation)이 반드시 필요함을 설명했다.

지금부터는 DTT(디지털 업무 혁신)의 마지막 단계인 구슬처럼 꿰인 인재들을 어떻게 잘 융합하는지, 디지털 조직 체계는 어떻게 갖춰야 하는지에 대해서 설명하고자 한다.

디지털 혁신(Digital Transformation)을 지금까지도 하나의 긴 여정으로 삼아 성공적으로 진행하고 있는 선도기업들의 사례를 살펴보면, 리더십, 조직구조, HR 및 인재 채용, 문화, 업무 방식에서까지 종합적인 변화를 이뤄내고 있음을 알 수 있다.

리더십의 경우, CEO 및 최고 경영진 레벨에서 디지털 혁신을 CEO의 Top 3 해야 할 일의 하나로 두고 우선적으로 추진했다. 유럽 내 거대 금융그룹 중 하나인 BBVA의 CEO인 프란치스코 곤잘레스는 "미국의 페이스북, 아마존, 중국의 알리바바, 텐센트와 같은 디지털 기업들이 많은 은행들을 대체할 것이다"고 예측하고 BBVA는 은행이 아니라 소프트웨어 기업으로 변신해야 한다고 이야기했다. 또한 2006년에는 스티브 잡스 등 IT 거물들이 참석한 테크포럼에서 BBVA를 21세기 가장 뛰어난 디지털 뱅크로 변신시키겠다고 선언하고 본인의 업무 중 디지털 혁신을 가장 우선시하겠다고 발표했다. 그리고 이후 그는 지난 10년간 지속적으로 CEO의 No.1 아젠다로 디지털 혁신을 두고, 지속적으로 디지털 혁신을 진행해왔다.

조직구조 측면에서는 디지털 혁신을 하나의 여정으로 보고, 조직의 변화에 대한 수용도 및 내부 디지털 역량의 확보 속도에 따라 단계적인 진화 모델을 추진했다. BBVA나 캐피털 원의 경우 약 10

여 년에 걸쳐 조직 및 운영구조를 여러 차례 진화시켜왔다.

HR 및 인재 채용 관련해서는 디지털 인재를 적극 흡수하기 위해서 한 명씩 필요한 인재를 채용하는 기존 방식도 진행하지만, BBVA에서 스프링 스튜디오(Spring Studio)라는 스타트업 회사를 인수하고, 캐피털 원이 2014년부터 푸시포인트(Pushpoint)라는 핀테크 회사로부터 시작해 매년 다수의 연관 핀테크 및 스타트업 회사를 인수하며 디지털 인재를 공격적으로 확보하는 전략을 진행하고 있다. 또한 디지털 인재를 전문으로 채용할 수 있는 '디지털 HR'을 두고 평가체계를 바꿔가는 노력도 병행하고 있다.

문화와 업무 방식 관련해서는 부서 간 협업, 고객 중심 사고, 리스크를 감수하는 문화 등이 디지털 조직의 주요한 문화적 특징이므로, 과거 분절화된 조직에서 부서 최적화된 목표가 아닌 회사 전체의 성과 및 개인의 성과가 발현될 수 있는 애자일 업무 방법론을 실행해 현업 부서와 IT/디지털 부서 간 긴밀한 협업이 빈번하게 발생할 수 있도록 했다.

지금까지 지속적으로 디지털 혁신(Digital Transformation)은 하나의 긴 여정으로 진행돼야 함을 이야기했다. 디지털 혁신의 초기 시작 시점부터 다 갖춰진 디지털 인재를 가지고 디지털 혁신 작업을 시작할 수는 없기에, 디지털 조직도 단계적인 진화모델이 필요할 수밖에 없다.

디지털 조직 단계적인 모델은 크게 하기 3단계로 구성이 된다.

1단계: Digital opportunism

정말 디지털 혁신이 필요한 사업부서를 중심으로 선택적인 디지털 업무를 수행하게 하는 조직구성 방안이다. 각 사업 부서에서 맞춤형 디지털 업무를 지원하게 하는 환경을 구축하고, 사업부 내 의사결정이 진행돼 실행 결과의 성공 여부가 빠르게 확인될 수 있고, 디지털 성공 혁신 경험이 조직 내 다른 사업부서에게도 전파가 돼 전사적인 디지털 혁신의 선도 역할을 하기 용이한 구조다.

2단계: Digital entablement

1단계에서 진행한 사업부서의 디지털 과제에 대한 성공 사례가 나오고 조직 내 디지털 혁신에 대한 공감대가 있을 경우에, 2단계 조직구조는 CDO(Chief Digital Officer) 조직을 구성하는 단계로 진화해야 한다. CDO 조직은 디지털 전략과 과제수행을 위한 업무 프로세스를 계획하며, 사업부 자체적으로 진행하던 디지털 업무를 이관받아서 전사 과제로 확대하는 것을 검토한다.

이때에 본격적인 디지털 전략/기획기능, 고객 경험 설계, 데이터 분석, 디지털 개발 조직 등을 갖추고 업무 프로세스를 구축해 사업부에서 진행하는 다수 디지털 과제를 밀착 지원하고 빠르게 대규모로 확대(Scale-up)할 수 있도록 지원한다.

디지털조직(CDO) 조직의 중요한 역할 중의 하나는 디지털 인재의 소싱 및 내부 육성이다.

많은 국내 전통 기업들의 경우 2단계에 머물러 있는 경우가 대다수다.

3단계: Digital activism

2단계에서 디지털 조직(Chief Digital Officer) 조직이 성공적으로 디지털 혁신 과제들을 완수하고 전사 Scale-up의 단초를 제공할 경우 3단계로 이러한 디지털 혁신의 DNA가 사업부서 내 곳곳에 전파될 수 있도록 해야 한다.

이때에 내부 인력의 전환 프로그램과 전사 임직원 대상 디지털 교육프로그램도 동시에 진행돼야 한다. 사업부서가 디지털 과제의 중심으로 진행돼야 하며, 디지털 조직(CDO 조직)은 전문가 조직으로 지원을 하는 구조가 돼야 한다. 3단계에서 2단계에 양성한 디지털 전문 인재들을 사업부서에 전진 배치해 전사 디지털 혁신이 가속화돼야 한다.

해외 전통 기업의 경우, 앞서 이야기한 캐피털 원이나 BBVA 같은 2010년대 초반부터 디지털 혁신(Digital Transformation)을 진행한 기업들이 이제 3단계에 접어들고 있는 상황이다.

캐피털 원의 경우 2011년도에 1단계 디지털 조직을 CIO(Chief Information Officer) 산하 조직으로 뒀다. 앞서 이야기한 대로 캐피털 원은 디지털 혁신(Digital Transformation) 수행을 위해서 양적으로 인재를 선발해 모으는 데 집중했고, 기존 수혈된 디지털 인재들은 IT 인재와 가장 유사한 경력을 가지고 있었기 때문에 디지털 조직을 CIO 조직과 하나의 팀으로 일단 구성했다.

캐피털 원 신용카드 사업을 중심으로 150여 개의 애자일 프로젝트를 디지털 팀이 수행하면서 조직 내 디지털 혁신 성과를 내는 것에 주안점을 두고 사업에 대한 이해를 디지털 팀이 가지는 것에 목표를 뒀다.

전통 사업조직 팀과 업무 협업을 통해서 디지털 팀은 조직 내 "메기" 역할을 수행하며 가시적인 조직성과를 내기 시작하면서 디지털 인력들의 채용과 확충이 가속화되게 된다.

2011년도에 시작돼 2014년도에 접어들면서 1단계 디지털 혁신이 마무리되고 난 이후, 2014년부터 시작된 2단계 디지털 혁신은 전사 관점의 디지털화를 중점으로 두고 진행됐다. 전사에서 모두 디지털 혁신 프로젝트를 진행하다 보니, 디지털 팀이 프로젝트 단위로 조직원을 파견해 지원하는 형태로는 scale-up(확산)이 불가능했고, 디지털 조직의 발전적 해체를 통해서 디지털팀이 현업에 녹아들어가 디지털 전파 및 전사 확산하는 것으로 지원했다. 이미 2014년부터 캐피털 원은 앞서 이야기한 디지털 조직의 3단계로 접어든 것이다.

"디지털 시대에서 은행의 경쟁사는 더 이상 금융기관이 아니다. 혁신적인 아이디어와 기술로 무장한 새롭게 떠오르는 핀테크 업체, 기술 기반 금융 서비스 업체 모두 은행의 경쟁 상대다."

BBVA의 디지털 혁신을 주도한 프란시스코 곤잘레스 회장이 언론과의 인터뷰에서 한 말이다. BBVA는 2007년부터 '고객 서비스를 위한 기술 활용'이라는 목표하에 전방위적으로 디지털 혁신을 추진하고 있다. 2015년 스페인 바르셀로나에서 열린 모바일 월드 콩그레스(Mobile World Congress)에서는 "이제 BBVA는 더 이상 금융기관이 아니라 소프트웨어 기업이다!"라고 전격 선언했다. 2007년도에 시작된 BBVA의 디지털 혁신 여정은 1단계 (2007~2012년) 핵심 시스템의 디지털화, 2단계(2012~2014년) 디지털 역량 개선 및 신규 디지털 역량 구축, 3단계(2015년~현재) 조직,

문화, 인재 등의 전 조직 디지털화를 목표로 지금도 진행 중이다.

특히 2단계 본격적인 조직 내 디지털 역량 개선 및 신규 디지털 역량 구축 단계에서 공식적으로 조직 내에 CDO(Chief Digital Officer)를 두고, P&L(Profit&Loss) 책임은 없지만, 각 조직 내에 진행하는 금융상품을 디지털 채널에 올리고, 상품을 디지털 채널에 맞게 변화하는 과정에서 발생하는 각종 디지털 혁신과제를 내부적으로 보고받고 챙길 수 있도록 하는 구조를 만들었다.

그리고 조직 내에 디지털 과제들이 잘 수행될 수 있도록, 각 고객이 디지털 채널을 접근할 때 발생할 수 있는 여러 불편한 점을 파악하고 어떤 편의성을 제공해줄 수 있을지 정의할 수 있는 '고객 경험 설계 디자인' 전문가, 웹과 모바일 앱에서 고객이 접하는 Front-End와 CRM 활동 개발에 집중할 수 있는 개발자, 조직의 전체 디지털 혁신 및 문화, 정책을 관리하는 조직 혁신 전문가, 조직 내에 빈번하게 요구되는 빅 데이터(Big Data) 분석 역량을 확보할 수 있는 빅 데이터 분석 전문가, 벤처 캐피털(Venture Capital) 및 스타트업 액셀러레이터(Accelerator) 파트너십 및 M&A도 적극적으로 검토할 수 있는 디지털 신사업 전문가, 조직 내 전체 디지털 혁신 로드맵을 총괄하고 관장하는 PMO(Program Management Office) 역할을 할 수 있는 변화관리 전문가 등을 포함한 디지털 조직의 위용을 갖추기 시작했다.

2015년부터 진행된 BBVA의 3단계 디지털 혁신은 조직, 문화, 인력의 '전 조직의 디지털화'를 모토로 모든 조직이 디지털 기능, 업무와 연계된 구조로 진화하고 모든 조직이 디지털 DNA를 갖추도록 하는 것이 특징이다. 특히 2019년 BBVA 그룹 회장으로 취임한 카를로스 토레스 빌라(Carlos Torres Vila)는 2014년도 2단계 디지털 혁신 과정에서 CDO(Chief Digital Officer)로 BBVA의 디지털 혁신을 주도한 인물이다. 2단계 50여 개의 디지털 혁신 프로젝트를 혁신적으로 수행했던 그는 BBVA와 같은 거대 공룡 기업들이 디지털 혁신을 진행하기 위해서는 핀테크 업체의 다양한 아이디어를 흡수하고, 이들과 공생하는 전략으로 거대 디지털 플롯폼 기업들의 금융 사업 진출과 경쟁해야 한다는 확고한 생각을 가지고 핀테크 업체와 교류를 통한 내부 혁신 전략을 수립했다.

핀테크 업체와 다양한 프로젝트를 공동으로 수행하는 핀테크 랩인 오픈 스페이스(Open Space), 핀테크 기술 공모전인 오픈 탤런트(Open Talent), 뱅킹 혁신 주제를 논의하는 핀테크 대학(Fintech University) 등이 그 결과물이다. 특히 오픈 스페이스를 통해 BBVA는 기존의 업무 체계와 핀테크 기술업체가 가지고 있는 아이디어를 접목할 수 있는 업무 체계를 구축해 시장의 요구사항에 기민하게 대응할 수 있도록 했다. 이러한 핀테크와의 적극적인 협력을 통해서 내재화하는 노력들은 많은 성과를 창출했다. 지급 결제를 위한 BBVA 지갑(BBVA Wallet), 자산 관리 앱인 마이 데이 투 데이(My day to Day), P2P 송급 앱인 캐시 업(Cash Up), 해외 송금을 지원하는 투요(Tuyyo) 등이 그 대표적인 결과물이다.

특히 BBVA의 모바일 앱은 전문시장/기업 리서치 기관인 포레스터(Forrester)에서 수행하는 글로벌 뱅킹 모바일앱 리뷰(Global Mobile Apps Summary)에서 2019년도에도 전 세계 1위를 차지해 3년 연속 글로벌 1위를 차지하는 결과를 만들어냈다.

2017년 5월에는 외부에서 플랫폼을 통해 자사 고객 데이터를 활용할 수 있는 BBVA API(Application Programming Interface) 시장을 론칭하고, 금융 플랫폼 기업으로의 도약을 모색하고 있다. BBVA는 오픈 API를 통해 타사 및 핀테크 업체 등과 협업을 강화하고 다양한 상품 및 서비스를 개발해 비즈니스 확대를 이루고자 한다. 지속적인 외부와의 협력을 통해 디지털 문화로 바꾸고자 하는 결실이 성공한 대표적인 사례라고 할 수 있다.

결론

전통적인 기업 혁신과
디지털 혁신

　　지난 10여 년간 디지털 혁신 컨설팅을 해본 필자의 경험으로
디지털 혁신은 디지털 혁신 과제에 대한 성공 경험을 어떻게 조직
내에 전파해 확산하느냐가 성공의 관건이다. 그러면서 외부에 의지
하지 않고 내부적으로 스스로 디지털 혁신을 진행할 수 있는 역량
(Capability)과 자산(Asset)을 마련하는 게 핵심이다. 그러기 때문
에 디지털 혁신은 긴 여정이다. 앞서 이야기했던 캐피털 원도 2011
년부터 지금까지 세 차례에 걸쳐 디지털 혁신을 진행 중이다. 1962
년부터 대한민국 경제를 한 단계 진일보하기 위해서 박정희 정부에

서 1차에서 4차까지 경제개발 5개년 계획을 추진했고, 성장 위주 경제 정책과 수출 주도형 성장 전략이 기틀을 마련해 현재 고도의 경제성장을 이루는 데 큰 역할을 했다. 디지털 혁신 여정도 멈추면 안 되고 지속적으로 해야 하는 활동이다. 일회성으로 그쳐서는 안 된다.

이러한 긴 여정을 준비하기 위해서 사전에 내부 임직원 대상으로 한 디지털 교육, 경쟁사/선도사 대비한 디지털 수준 진단은 기본적으로 진행해야 하며, 디지털 기업의 조직 특성에서도 언급했듯이, 명확한 디지털 전력과 비전을 수립한 이후에는 주저하지 말고 "Small start"로 추진해야 한다.

기존 체계		DT를 위한 혁신 체계
Rigid	〉	Agile
Risk averse	〉	Experimentation
Siloed	〉	Collaborative
Central steering	〉	Decentral steering

도표 15. 기존 혁신 방법론과 디지털 혁신 방법론

전통적인 기업혁신 방법론 vs 디지털 혁신 방법론 차이

기존의 기업 혁신 방법론과는 달리 디지털 혁신은 1) 갖춰진 정형화된 보고 양식에 따라서 경영진에게 보고하는 형식(Rigid)에서 보고 절차의 유연성 및 보고계층구조의 완화로 신속한 의사결정이 주요 마일스톤별로 이뤄지는 애자일 방식으로 전환돼야 하며, 2) 불확실성과 리스크를 지지 않으려는 보수적인 견지에서 리스크를 포용하고 "Fast fail", "Test & Learned" 사고방식을 장려해야 한다. 그리고 3) 해당 과제가 특정 부서에서 자체적으로 진행하는 혁신과제가 아니라, 고객의 입장에서 고민하고 고객 경험 만족을 최우선으로 모든 조직이 상호 협력하는 방식으로 혁신이 진행돼야 하며 4) 혁신과제의 진도관리를 위한 중앙집권적인 PMO가 아닌, 보다 유연한 형태의 관련한 주요 의사결정자들이 모여서 바로 의사결정을 진행하는 분권화된 혁신과제 관리 방법론이 필요하다.

결론적으로 디지털 혁신은 종래의 식스시그마 혹은 PI(Process Innovation)와 같은 기업혁신 활동과는 다르며, 전문화된 디지털 인력의 충원 및 육성뿐만 아니라, 전반적인 조직 문화 및 일하는 방식의 변화가 동반되지 않으면 실패할 가능성이 매우 높다.

디지털 인재들이 일하고 싶은 기업으로 리브랜딩

디지털 인재들은 대부분 현재 MZ세대가 주축이 돼있으며, 디지털 인재들의 특성상 자기계발의 기회가 있는 직장을 선택하는 데에 최우선순위를 둔다고 이야기했다.

전문화된 디지털 인력의 충원을 위해서 회사 자체의 이미지 "Rebranding"이 매우 중요하다.

사무공간도 디지털 기업처럼 개방성이 있는 Open space도 갖추고, 디지털 기업들처럼 회사 안에 직원을 위한 커피숍도 만들고, 회사 출입카드도 멋진 포즈로 찍은 사진과 이름으로 같이 만들고, 수평적인 조직 문화를 위해서 "님"으로 통일하는 것도 이미지 브랜딩의 개선에 다 중요한 부분이긴 하다.

하지만 실제 외부 디지털 인재가 들어와서 의미 있는 일을 하고 자기 커리어 발전에 도움이 될 수 있는 회사로 "Rebranding"하는 것이 더 중요하다.

그러기 위해서 캐피털 원에서 했던 것처럼 다양한 디지털 혁신의 시도를 외부 콘퍼런스에서 발표하는 것도 중요하고, 외부 스타트업과 활발한 교류를 통해서 전통 기업이 아니라 새롭고 핫한 이미지의 회사로 탈바꿈을 해야 한다. 시간이 걸리더라도 이렇게 기업의 "Rebranding"에 투자를 하다 보면, 좋은 디지털 인재들이 몰리고, 이러한 새로운 디지털 인재들이 의미 있는 일들을 수행해 회사가 한 단계 Level-up, 선순환해 나아갈 것이다.

전통 카드회사에서 디지털 기업으로 리브랜딩 – 현대카드

지금은 보수적인 은행권에서도 디지털 관련해서는 외부 전문가를 임원으로 초빙해 디지털 혁신을 가속화하는 것이 하나의 흐름이다. 2020년 12월 국내 금융회사 인사에서도 여전히 그 추세는 변하지 않았다. 국내 금융권에서 외부 디지털 전문가를 초빙해 다양한 시도와 실험을 하고 있는 대표적인 기업은 현대카드다. 그간의 현대카드 행보를 보면 경쟁 심화 속에서 "디지털 혁신"에 사활을 걸고 다양한 실험적인 시도를 하고 있으며, CEO인 정태영 부회장을 만나보면 현대카드를 단순 신용카드 회사가 아닌 디지털 기업으로 변화하기 위한 혁신 DNA 장착에 노력을 하고 있다. 그간 네이버, IBM, 마이크로소프트, 구글 등의 다양한 테크놀로지/디지털 기업 출신들이 현대카드에 들어와서 디지털 관련된 새로운 시도를 진행해왔다. 현재 현대카드 디지털 부문 대표를 맡고 있는 오승필 전무도 미국 마이크로소프트 출신의 디지털 전문가다. 대한민국 디지털 인력들 내부 커뮤니티에서 현대카드는 "새로운 시도를 두려워하지 않고, 다양한 디지털 경험을 하게 해주는 회사"로 평가를 받고 있다. 뿐만 아니라 디지털 회사로서 리브랜딩을 위한 다양한 시도들도 하고 있다. 국내 카드사 최초로 2016년 스타트업 입주사무소인 "스튜디오 블랙"을 열었고, 2019년도에는 미국 MIT 산학 협력단과 함께 "핀테크, 디지털화, 인공지능(AI)"을 주제로 "2019 MIT 스타트업 쇼케이스 인 서울"도 열었다. 스타트업과 공존하는 오픈 이노베이션을 지향하면서 협업할 수 있는 파트너 회사로서의 브랜딩에도 힘을 쓰고 있다. 내부 직원의 디지털 DNA 함양을 위해서 전사적으로 디지

털 교육에 대한 투자도 진행하고 있으며, 전사 직원들 대상으로 코
딩교육을 시킨 사례는 업계에 유명하다. 현재 현대카드의 AI, 빅 데
이터, 블록체인, 디지털 기획, 신사업 등을 포함한 전체 디지털 관련
인력은 470여 명까지 확대됐고, 이미 현대카드 출신의 디지털 인력
들이 다른 전통 기업의 임원진으로 다수 활약해 업계에서 디지털
임원 사관학교로 평가받고 있다. KB국민은행 테크그룹 윤진수 부
행장, CJ E&M 김명구 부사장, LG CNS 황윤희 상무, 롯데카드 원
만호 상무 등이 모두 현대카드 출신의 디지털 관련 임원들이다.

디지털 인력/업무 혁신 전략 및 학습조직으로 전환 필요

디지털 혁신의 성패는 디지털 혁신 수행인력의 내재화 및 일하는
방식의 변화에 달려있다고 언급한 바 있다. 하지만 현실적으로 국
내 기업들이 눈높이에 맞는 우수한 디지털 인재의 채용은 쉽지 않
은 상황이다. 디지털 인력 확보의 어려움이 디지털 혁신의 장애물
이 돼서는 안 되기에 현재 추진하고자 하는 디지털 과제 내용을 면
밀히 분석하고, 내부 조직적 역량을 면밀히 분석해 인소싱(내재화)
과 아웃소싱의 구분 및 다양한 외부 협력업체의 도움과 디지털 신
기술/솔루션/클라우드 등의 인프라 활용 방안의 종합적인 검토가
필요하다.

하지만, 외부인력의 전반적인 의존도를 높이는 건 임시방편이며, 디
지털 혁신(Digital Transformation)은 긴 여정으로 진행해야 하는

것이기에, 장기적으로 디지털 혁신을 위해서는 내부 조직의 학습 조직으로 전환 및 내부 디지털 인력의 내재화가 필수적이다.

학습조직으로 전환의 바람직한 예시 – 마이크로소프트

마이크로소프트는 윈도우, 오피스라는 PC 기반의 운영체계 소프트웨어를 만드는 회사에서 기업들이 디지털 혁신 진행을 하는 데 도움을 주는 클라우드, AI/ML, 분석솔루션, 협업솔루션 등 다양한 소프트웨어, 인프라를 제공하는 기업으로 변모하고 있고, 이러한 제품군을 바꾸는 노력뿐만 아니라 스스로 디지털 혁신을 성공적으로 진행하고 있다.

이러한 노력의 결과로 마이크로소프트는 지난 20여 년간 미국 주식시장 Top 5의 자리를 놓치지 않았다. 현재 디지털 기업인 애플, 아마존, 구글, 페이스북과 경쟁하고 있으며 2020년 12월 현재 애플 이후 세계 시총 2위 기업이(시가총액 1,600조 원) 됐다.

지금 주식시장 시가총액 Top 5 내 있는 기업들 중 애플과 아마존을 제외한 다른 디지털/테크놀로지 경쟁 기업들은 2000년대 이후에 기업공개(IPO)를 진행한 젊은 기업들이다. 아마존은 1997년으로 상대적으로 주식 상장의 역사가 짧고, 애플의 경우에는 1980년대 주식 상장을 했었지만, 아이폰이 시장에 출시되기 전에는 존재감이 미미했었다.

마이크로소프트는 20년 전에도 시가 총액 Top 5 내에 드는 거대 기업이었고, 지금도 Top5의 위치를 유지하고 있으며, 내부적인 제품 포트폴리오의 변화와 디지털 혁신 전환의 성공 사례로 회자되고 있다. 어떻게 가능한 것일까? 필자가 경험한 그 원천은 학습조직으로의 전환이다.

마이크로소프트에서는 정말 다양한 교육/학습 프로그램과 콘텐츠를 제공한다. eBook에서부터 MBA교과 과정 콘텐츠, 마이크로소프트에서 자체 제작한 내부 교육콘텐츠 및 마이크로소프트에서 고객에게 판매하는 Azure 클라우드 자격증, AI 관련 자격증 교육 등 너무나 다양한 교육 콘텐츠를 제공한다.

단순하게 교육 콘텐츠를 제공하는 것을 넘어서서 학습조직으로 분위기를 조성하고 임직원들이 변하지 않으면 안 되게끔 인사 제도적으로 체계를 갖추고 있다.

인사제도 시스템 예시 – "Connect"(마이크로소프트 성과개발 Tool)

마이크로소프트 Connect Tool에 들어가서 매니저와 1:1 미팅을 하기 전에 팀원들은 Connect Tool에 미팅을 위한 기본 미팅 논의 자료를 작성해야 한다. 첫 번째로는 회사가 강조하는 "Core Priorities" 관련해 어떤 특정 영역에서 비즈니스 효과(Business Impact)을 조직 내에서 발현할지 계획을 적는 것이고, 두 번째는 지난 Connect 이후에 비즈니스 기여(Business Impact)를 한 2~3가지 사례에 대해서 적는 것, 세 번째는 앞으로 창출할 주요 결과물은 무엇이며 그 비즈니스 효과는 어떻게 될 것인지, 앞으로 다가올 시기에 성장하기 위해서 추가로 발전시켜야 하는 경험이나 스킬(Skill)에 대해서 정리하게 돼있다. 마지막으로는 이러한 스킬 개발(Skill Development)을 위해서 회사 내에 제공돼있는 교육이 있다면 그 교육명을 적시하고 매니저와 성취도에 대해서 주기적으로 논의하게끔 돼있다.

필자의 경우에는 마이크로소프트 Azure 클라우드 자격증을 향후 1년 내에 취득하는 것으로 Connect Tool에 입력하고 현재 공부를 하고 있는 중이다.

다양한 Learning contents 제공 및 개인 Dashboard 확인

마이크로소프트 임직원이 되면 매번 이수해야 하는 교육이 직원에게 해당 교육이수 마감시점에 임박하면 이메일로 오게 돼있다. 만약에 마감시점까지 교육 이수를 하지 않았을 경우에는 상위 매니저에게 그 정보를 공유해서 반드시 종료하게끔 하고 있고, 전사 직원이 모두 이수해야 하는 교육의 경우에는 조직별 교육현황 이수율을 체크해 관리하고 있다. 직원 개개인은 본인이 반드시 필수적으로 들어야 할 교육을 이수한다. 또 개인이 맡은 역할에 따라서 추천하는 교육콘텐츠는 본인과 유사한 역할을 가진 사람들이 주로 수강했던 교육콘텐츠를 AI가 추천해준다.

많은 교육콘텐츠를 제공하지만 실제로 이것을 들을 시간이 부족하다고 할 수 있기에, 한 달에 한 번 정도 금요일 오후에는 회사에서 Learning Day로 정해 이 시간 동안에 부족한 교육을 직원들이 업무시간 중에 활용할 수 있도록 배려하고 있다.

디지털 혁신 환경을 위한 필수 인프라

어렵게 채용하기도 하고, 열심히 노력해서 내부적으로 육성한 디지털 인력들이 영원토록 조직 내에 있을 거라는 기대는 일찌감치 버리는 것이 좋다. 디지털 인재들이 원하는 것은 자기발전 기회를 회사 내에서 제공해주는 것이기 때문에 교육프로그램의 제공 및 성과개발(Performance Development) 프로그램도 도입돼야 하며, 애자일 방식으로 업무 협업방식도 개선이 돼야 한다.

우수 디지털 인재를 조직 내에서 유지하게 하기 위해서는 인력 유지를 위한 보상체계도 달라야 하며, 디지털 인력들이 기업 내의 외계인이 아닌 기존 전통 인력과 상호 존중 문화 속에서 협업해 주도적으로 일할 수 있는 조직 구성이 뒷받침이 돼야 한다. 앞서 디지털 혁신(Digital Transformation)의 대표 사례로 이야기했던 캐피털 원도 외부 양적으로 성장한 디지털 인력들이 기존 전통 조직과 마찰로 인해 버티지 못하고 회사를 그만둘까 봐 2011년도 초창기의 1단계 디지털 혁신 단계에서는 CIO 밑에 디지털 조직을 두고 점차 디지털 조직을 확대해나가는 전략으로 조직을 단계적으로 변화시켜왔다.

마이크로소프트가 Azure라고 불리는 클라우드인프라, Teams라는 협업/화상회의 솔루션뿐만 아니라, OneNotes, OneDrive 등 많은 기업 협업 도구 및 인프라를 기업 고객들에게 제공하지만, 마이크로소프트 내부처럼 잘 활용하는 기업은 보지 못했다. 똑같은 제품/솔루션을 제공해도 이것을 어떻게 쓰느냐는 결국 사람이고 활용하는 문화가 어떠냐에 따라서 다르기 때문이다. 필자의 경험으로 화상회의 문화를 정착하기 위해서 일부러 CEO가 회상회의로 먼저 솔선수범해서 들어오는 경우를 봤다. CEO가 직접 화상으로 들어오는데, 다른 임원들이 사무실에서 대면 미팅을 하는 경우는 많지 않을 것이다.

필자가 과거 20여 년 이상 컨설팅 경험과 마이크로소프트에 와서 느끼는 한 가지 교훈은 디지털 혁신은 "기술 혁신"이 아니라 "조직문화 혁신"과 "일하는 방식의 변화", "학습조직으로 전환"이 이뤄지지 않으면 절대로 성공할 수 없다는 것이다.

에필로그

대학교 입학 이후에 무슨 직업을 가질까 고민을 하다가, 아버지의 권유로 컨설턴트라는 직업을 선택하게 됐다. "아버지는 왜 컨설턴트가 좋으세요? 자식의 직업으로 컨설턴트를 추천하는 이유가 무엇인가요?"라는 질문에 아버지는 "너보다 더 나은 사람들을 만날 수 있고, 다양한 사람들의 고민을 해결하고 최신의 트렌드를 배우면서 너 자신도 성장할 수 있으니, 네가 할 수 있다는 자신감만 있다면 그만한 직업은 없는 것 같다"라는 대답을 해주셨다. 그래서 대학교 졸업 이후에 무조건 컨설팅 회사만 입사 지원을 했고, 운 좋게 액센츄어(Accenture)라는 컨설팅 회사에 입사해서 17년간 한 회사에서 근무하며 파트너까지 승진하게 되는 경험을 했다. 뿐만 아니라 디지털이라는 분야를 리딩해보는 경험을 통해 개인적으로도 많은 성장을 할 수 있었다.

특히, 액센츄어에서 경험한 디지털 컨설팅이라는 경험은 이후에 EY, BCG를 거치면서도 나 자신을 '브랜딩'할 수 있는 가장 큰 요소이자 자산이었다. 뿐만 아니라 디지털 기업의 성장을 함께한 여러 소중한 경험들은 컨설턴트로서 자신감을 갖게 했다. 네이버에서 2006년도부터 진행한 컨설팅 경험은 개인적으로 매우 특별했다. 2006년도 11월, 당시 NHN에 컨설턴트로 들어갔을 때 NHN의 임직원은 1,500명 내외였다. 그랬던 네이버가 수만 명의 임직원을 거느린 글로벌 기업으로 성장하는 그 역사의 현장을 함께하면서, 끊임없는 디지털 혁신 여정 중 어떤 선택의 순간들이 있었는지도 함께 지켜볼 수 있었다.

네이버는 당시 진행하던 디지털 컨설팅 외에도 해외 벤치마킹의 결과가 반영된 새로운 서비스와 프로세스 변화를 즉각적으로 실행했는데, 특히 2010년도의 모바일 혁신은 대단히 인상적이었다. 당시 아이폰의 한국 시장 진출과 맞물려 대단위 모바일 혁신을 진행하기 위한 아웃소싱 작업을 신속하고 과감히 추진하는 경영진을 보며 디지털 혁신에 있어 사람과 일하는 방식의 변화가 매우 중요함을 다시 한번 체득할 수 있었기 때문이다.

항상 디지털 기업만 컨설팅하는 건 아니기에, 금융과 유통, 제조 등 다양한 고객사와도 디지털 혁신 관련한 컨설팅을 진행해왔다. 전통 기업들과 디지털 경영, IT 컨설팅을 진행하며 항상 고민이었던 부분은, 해외 전통 기업 중에는 디지털 트랜스포메이션을 통해 성공한 기업이 많은데 왜 국내에는 그 사례가 드물까 하는 의문이었다. 그러던 중 제2의 커리어를 마이크로소프트사에서 시작하며 해답의 실마리를 찾을 수 있었다. 마이크로소프트는 과거 IT 공룡에서 시작해 현재는 아마존, 구글 등의 신테크 기업들과 경쟁하고 있는 유일한 거대 IT 기업이다. 이들과 경쟁하기 위해 마이크로소프트가 얼마나 뼈를 깎는 노력을 하고 있는지, 임원으로 일하며 느끼는 부분이 많다. 마이크로소프트에서 실행 중인 업무 생산성 향상 방안과 일하는 문화의 변화 추진, 인사평가 방법 등을 보며 일전에 컨설팅에서 다뤄왔던 부분이 실제 업무에서 얼마나 중요하게 작용하는지를 절절히 느끼며 매일 체감하고 있다.

지난 2020년, 20년간의 컨설턴트 커리어를 마무리하며, 인생의 두 번째 커리어 전환을 시작하기 전에 틈틈이 첫 번째 커리어를 한번 정리하고자 하는 마음이 들었다. 별것 아닐 수도 있지만, 그간 소수의 사람들에게만 이야기해왔던 생각을 많은 이들과 공유하고 싶다는 생각도 들었다. 이후 넥서스 출판사와 인연이 닿아 집필 작업을 시작한 지 거의 1년에 가까운 시간이 훌쩍 지났다. 그간 개인적으로 만나던 사람들에게 일부 단편적으로 이야기했던 부분들을 하나의 책으로 정리하는 작업은 결코 쉽지 않았다. 다시 하라고 하면 엄두도 못 낼 시간들이었다. 회사나 조직의 디지털 혁신을 고민하는 독자에게, 이 책이 디지털 혁신을 행하는 데 있어 자그마한 단초나마 됐다면 저자로서 더 바랄 나위가 없겠다.